SABER DORMIR

Cuerpo y salud

Danielle Teszner

SABER DORMIR

Claves para descansar profundamente

PAIDÓS

Barcelona
Buenos Aires
México

Título original: *Savoir dormir*
Publicado en francés, en 2004, por Éditions Flammarion

Obra original publicada con la ayuda del doctor Pierrick Hordé

Traducción de Núria Viver Barri

Cubierta de Julio Vivas

© 2004 Éditions Flammarion
© 2005 de la traducción, Núria Viver Barri
© 2005 de todas las ediciones en castellano
Ediciones Paidós Ibérica, S.A.,
Mariano Cubí, 92 – 08021 Barcelona
http://www.paidos.com

ISBN: 84-493-1667-7
Depósito legal: B-47.928/2004

Impreso en Gràfiques 92, S.A.
Av. Can Sucarrats, 91 – 08191 Rubí (Barcelona)

Impreso en España – Printed in Spain

Sumario

Capítulo 2
Dormir bien, dormir mal

Capítulo 3
Un problema de sueño. Las preguntas
que se plantean los que duermen mal

Capítulo 4
El misterio de los sueños

Capítulo 5
El despertar

Capítulo 6
Los motivos de consulta: quejas, síntomas y pretextos

Capítulo 7
De las palabras a los síntomas:
un camino hacia el diagnóstico

Capítulo 8
Las enfermedades más frecuentes:
respiración, corazón y movimientos anormales

Capítulo 9
Las enfermedades más frecuentes:
el insomnio y el exceso de sueño

Capítulo 10
Las enfermedades más frecuentes: los desfases
y los fenómenos que parasitan el sueño

Capítulo 11
Ideas para los padres preocupados
por el sueño de sus hijos

Capítulo 12
Los tratamientos

Capítulo 13
¡Mi arrebato de cólera!

Agradecimientos

A Jean-Lou, Pierre, Yves y Benjamin.

A Françoise Goldenberg, que me ha enseñado lo esencial de lo que sé sobre el sueño.

A Hélène y Robert S.

A Pierrick Hordé por la confianza que me ha otorgado y el acompañamiento que me ha dispensado.

A Isabelle Degrange por su eficaz ayuda y su amable apoyo.

A Jean-Lou por sus críticas constructivas.

A Benjamin, que ha asegurado la puesta a punto del texto.

A Simone Cohen Léon.

Introducción

Afortunados los buenos durmientes que no se plantean la cuestión de *Saber dormir*. Porque, si hacemos caso a las estadísticas, ¡sólo son del 60 al 70 % de la población! En otras palabras, casi el 40 % de los franceses tiene problemas de sueño, de forma ocasional o crónica.

Dormir o estar despierto: éstas son las dos formas en que puede encontrarse un individuo sano. Ahora bien, el equilibrio de la vida se basa en una proporción adecuada de estos dos estados: alrededor de dos tercios de vigilia y un tercio de sueño. Cuanto mejor sea el contraste entre ambos, mejor será la calidad de vida. Por ejemplo, un sueño entrecortado por periodos de vigilia o una vigilia entrecortada por periodos de sueño indeseable serían tan malos como un buen vino cortado con agua.

Así pues, hay que comprender de qué se trata, tarea que incumbe a la medicina del sueño, que se interesa tanto por la vertiente diurna como por la vertiente nocturna, ya que una condiciona a la otra y viceversa. Por lo tanto, se ocupa también de mostrar que al lado de los malos durmientes hay una población de «malos despiertos», considerados erróneamente indolentes y perezosos porque duermen demasiado, cuando son tan desgraciados como los que duermen mal. Lo fastidioso de este tema es que circulan numerosos prejuicios que nos complican la vida. Entonces, ¿existen unos datos básicos que hay que conocer? Esto es lo que intentará explicar esta obra.

Las malas noches dan lugar a una profunda insatisfacción y hacen surgir la duda en la mente del durmiente, que se interroga sobre un saber que cree haber perdido. En cambio, los malos días por falta de vigilia suscitan pocas quejas y, por desgracia, prácticamente nunca hacen surgir el tema del «saber estar despierto»; es como si, contra lo esperado, el sueño fuera más valioso que la vigilia, como si nos interesara más. Quizá porque alberga nuestra intimidad y nuestros sueños.

En realidad, vivimos como un electrón que gravita en dos posibles órbitas. La primera, la de la vigilia, la más externa, es ancha y abierta al mundo exterior y a los demás. La segunda, la del sueño, más cercana al núcleo, es limitada y nos proporciona un tiempo de repliegue sobre nosotros mismos. Necesitamos este tiempo para ver claro y poner orden en lo que vivimos durante el día y en la manera en que percibimos las cosas. Probablemente, es la etapa durante la cual los recuerdos se ordenan en la memoria; según cuál sea su naturaleza y el impacto que puedan tener sobre nosotros, se almacenarán en capas de la memoria más o menos accesibles a la evocación voluntaria; de esta forma, cada experiencia se integra en nuestras vivencias y hace que día a día evolucionemos y no seamos nunca totalmente idénticos a lo que éramos la víspera.

Estas dos órbitas se cruzan en el adormecimiento y el despertar, dos periodos en los que emergen muchos elementos de la profundidad a la superficie, tanto si se trata de recuerdos de sueños al despertar como de experiencias semejantes a los sueños al principio de la noche, como puede ocurrir en las personas que presentan una narcolepsia.

El sueño, lejos de ser un simple periodo de reposo, es, por tanto, un componente esencial de la vida, un tiempo que nos permite construirnos y, después del tumulto del despertar, recuperar nuestra unidad y nuestra coherencia.

Como todos percibimos de forma intuitiva, la calidad de la vida depende en gran medida de la del sueño.

Ya en las primeras etapas de la existencia e incluso *in utero*, sin alternancia de luz y oscuridad y sin ninguna necesidad de aprendizaje, se constata la aparición espontánea de dos estados de vigilancia. Mucho antes del nacimiento, se individualizan dos tipos de sueño y, cuando llega al mundo, el niño presenta una diferencia clara de comportamiento entre los momentos de vigilia y de sueño, o más bien de sus tipos de sueño, uno agitado y el otro tranquilo. Después, el niño aprenderá progresivamente a dedicar el día a la vigilia y la noche al sueño, conforme a su vocación de especie con una vida activa diurna, definida genéticamente; lo ayudarán los cuidados atentos, las medidas educativas y el modelo de identificación que le ofrecen sus padres. En otras palabras, existe un determinismo al sueño, en relación con la noche.

Por otra parte, un argumento aboga a favor de esta idea: los ojos del ser humano no están adaptados a la visión nocturna, contrariamente a los del gato, que caza por la noche. Como no somos gatos y además estamos dotados de una inteligencia que nos permite tener un control del mundo superior al de los animales, con la que inventamos el fuego y más tarde la luz artificial, podemos mantenernos activos cuando lo decidamos, sin preocuparnos por la hora, ¡sin tener en cuenta la fisiología! Lo cual no carece de repercusiones sobre nuestra relación con el sueño.

Un sueño que «devora» una gran parte de nuestra existencia. Si nos basamos en una relación de dos tercios de vigilia y un tercio de sueño, un cálculo rápido muestra que dormimos ¡veintiséis años de los ochenta de nuestra vida!

«¿Para qué sirve todo este sueño?», se pregunta mucha gente con falta de tiempo, en una época en que todo va cada vez más rápido y en que «estar en el ajo» requiere un desafío diario. Para esta pregunta, sólo tengo una réplica: intente no dormir y dejará de plantearse la pregunta durante mucho tiempo. Los que crean que pierden el tiempo cuando duermen y quieran probar la experiencia pronto se darán cuenta de la realidad: el sueño es una necesidad vital.

Pero dormir no basta; es importante *dormir bien* para estar en buena forma al día siguiente, una evidencia que, sin embargo, sólo recientemente ha llamado la atención de la comunidad médica con la emergencia de la medicina del sueño.

¿Por qué esta falta de interés? Podemos hablar de la aparente pasividad del durmiente, pasividad que no suscita demasiada curiosidad a primera vista. También, y sobre todo, podemos pensar en una falta de medios de investigación. Actualmente, las investigaciones sobre el sueño son muy activas y la disciplina está en pleno apogeo. La demanda literalmente ha explotado y la oferta tiene problemas para seguir el ritmo; las listas de espera de las consultas en las unidades del sueño llegan a ser indecentes. Existe una necesidad aguda de médicos del sueño, una llamada apenas disfrazada para las jóvenes vocaciones.

¿Cómo y por qué se hace uno médico del sueño? Voy a intentar responder a esta pregunta a través de mi propia historia. Cuando estudiaba medicina, el sueño no figuraba en el programa de la facultad; ni una palabra sobre el tema en siete largos años de estudios, sin contar los eventuales años de especialización. Yo formaba parte de los estudiantes de larga duración, porque había elegido la psiquiatría, pero aunque el sueño se vea especialmente afectado por las enfermedades psiquiátricas ¡no me transmitieron ningún conocimiento sobre este campo!

Mi interés por el tema surgió de dos flechazos sucesivos. El primero fue por la epilepsia, una enfermedad de las más intrigantes y de las más complejas, que descubrí en el Hospital Sainte-Anne, con el doctor Jean Talairach, con quien no dudé en pasar cuatro semestres de mi internado; la epilepsia y todo lo que esta enfermedad podía enseñarnos sobre el funcionamiento cerebral suscitaron pues mis primeras emociones de futuro médico. La exploración de las epilepsias pasaba, y todavía pasa, en gran parte, por la electroencefalografía[1] en todas sus formas. Con los avances de la tecnología en este ámbito, un día se hizo posible alargar la duración de los registros a 24 horas o más, una duración capaz de incluir las noches. A partir de entonces, el sueño empezó a existir para mí, aunque lo observara como neófita. Descontenta con mi calidad de aficionada, me entraron ganas de aprender un poco más sobre el tema. Pude satisfacer mi curiosidad con la doctora Françoise Goldenberg en el CHU Henri-Mondor de Créteil, que me permitió descubrir un campo de interés mucho más variado y más amplio de lo que había

---

1. Examen de tipo neurológico que consiste en registrar la actividad eléctrica de las células del encéfalo.

podido imaginar. Fue mi segundo flechazo, tanto por el sueño como por el equipo con el que continúo trabajando en la actualidad.

Este interés es lo que deseo compartir a través de este libro. El sueño es una parte esencial de la vida, por lo tanto, me atrevo a esperar que despertará su curiosidad como despertó la mía. Para ello, he querido entregarle un poco de mi experiencia en las consultas y la exploración del sueño.

El primer capítulo trata de las nociones básicas sobre el sueño, para comprender mejor lo que viene a continuación e intentar eliminar ciertos prejuicios que nos complican la vida. En efecto, la intuición o un sentido común demasiado sumario no siempre son las mejores guías en materia de sueño. Dos palabras de fisiología me han parecido inevitables para corregir los conceptos erróneos. Los siguientes capítulos, apoyados por numerosos testimonios, tratan sobre síntomas, enfermedades y remedios que se pueden utilizar; de paso, denuncian los engaños y las trampas que hay que evitar. El lector es libre de empezar la lectura por donde le parezca mejor, siempre y cuando no se salte definitivamente el principio.

Si bien «la» receta del buen sueño es una utopía, pueden definirse y ponerse en práctica medios adecuados a cada persona, según cuáles sean sus razones y su forma de dormir mal; éste es el objetivo de la medicina del sueño. Desde los comportamientos contrarios al sueño que hay que saber detectar y corregir hasta la presencia de enfermedades que requieren un enfoque terapéutico más médico, todo pasa por la identificación y la comprensión de los mecanismos responsables de los trastornos.

Mi objetivo es, pues, familiarizarle con los diferentes tipos de trastornos del sueño conocidos y las enfermedades que están detrás de estos trastornos. También es, en un segundo tiempo, desdramatizar lo que merece serlo y, por oposición, remarcar lo que justifica un tratamiento médico. Un problema de sueño y, todavía más, de malestar durante el día siempre puede esconder un trastorno más serio. Así pues, este libro se dirige tanto a los que duermen bien hoy —que serán quizá los insomnes del mañana si no tienen cuidado— como a los insomnes declarados, antes de que empiecen a vivir demasiado mal, a padecer las consecuencias negativas de sus trastornos y a compartir con los demás el riesgo de estas situaciones.

Tanto si es buen como mal durmiente, esta obra pretende que tome conciencia de la importancia de ese sueño que hay que proteger a toda costa, en su duración y su calidad. Finalmente, adoptar un comportamiento que permita conservar el «saber dormir» es también adoptar una actitud responsable frente a uno mismo y a la sociedad. ¡Es, en suma, hacer un acto de civismo protegiendo al mismo tiempo la propia calidad de vida!

Capítulo 1

Datos básicos sobre el sueño o lo indispensable para comprender

En este capítulo encontrará un «cursillo» sobre el sueño, pero no una «lección sobre cómo dormir». Mi objetivo es transmitir algunos conocimientos básicos, asequibles a todos. Si la idea de volver a los bancos de la escuela le repugna o la descripción del sueño y su fisiología le parece árida de buenas a primeras, nada le obliga a empezar por aquí. Tendrá ocasión de volver a medida que los capítulos siguientes vayan despertando, como espero, su curiosidad.

DESCRIPCIÓN DEL SUEÑO

Cuando pensamos en alguien, generalmente lo imaginamos despierto y capaz de dialogar con nosotros. En efecto, es raro representárnoslo dormido. Y si observamos a alguien mientras duerme, no prestamos demasiada atención a su sueño. En cambio, si observamos dormir a nuestro gato, posiblemente prestaremos más atención a los fenómenos de su sueño. En estas condiciones, observaremos que tiene dos maneras de dormir. En el primer sueño, el gato adopta la «posición de la esfinge», de forma que llega a mantener la cabeza recta mientras duerme. Después, su postura cambia radicalmente, se desploma sobre un lado, presenta movimientos bruscos de los bigotes y pequeños movimientos rápidos, especialmente de los ojos.

Lo que es cierto para el gato lo es para todos los animales de sangre caliente y, *a fortiori*, para el ser humano. El ser humano no mueve los bigotes; por otra parte, es el único que se acuesta entre una sábana y una funda nórdica, y también el único que puede contar sus sueños al día siguiente. Pero, aparte de estas particularidades, también tiene dos tipos de sueño. Son datos descubiertos gracias al avance de la tecnología.

El descubrimiento del electroencefalograma, o EEG,[1] poco antes de la Segunda Guerra Mundial permitió la observación de diferencias entre el funcionamiento cerebral en la vigilia y durante el sueño. Hubo que esperar al año 1953 para darse cuenta de que no hay una sino dos formas de sueño y, por lo tanto, en realidad, tres formas de relación con el mundo, si se incluye la vigilia: un contacto total en la vigilia, una capacidad relativamente conservada para restablecer el contacto en el reposo del primer sueño y, finalmente, un repliegue a la vida interior en el sueño llamado paradójico.

Sueño lento o sueño paradójico

El sueño que sigue al adormecimiento, llamado sueño ortodoxo o «sueño lento», recibe este nombre porque se acompaña de un EEG formado por ondas lentas. Se descompone en cuatro estadios, por orden de profundidad creciente de sueño. El *estadio 1* es la fase de transición entre la vigilia y el sueño, un estadio en que el menor ruido puede hacer que la persona despierte. El *estadio 2*, que marca la entrada en el verdadero sueño, se caracteriza por la presencia de figuras fisiológicas características, los *husos del sueño*, que son pequeños grupos de ritmos rápidos en el trazado EEG. En este estadio, el durmiente se aleja progresivamente del mundo exterior. Los *estadios 3* y *4* corresponden al sueño profundo, durante el cual la actividad eléctrica cerebral disminuye. A medida que el

---

1. El EEG es la medición de la señal eléctrica de origen cerebral que refleja la actividad de las neuronas; se recoge en el cuero cabelludo y muestra una actividad rítmica, especialmente el famoso ritmo alfa occipital, de cerca de 10 ciclos por segundo, que caracteriza la vigilia tranquila.

sueño se hace más profundo, el umbral de vigilia se eleva; en otras palabras, el sujeto se vuelve más difícil de despertar. Si con una estimulación suficiente conseguimos arrancar al durmiente de su sueño profundo, en general necesitará cierto tiempo para darse cuenta de lo que ocurre. Un tiempo durante el cual parecerá algo desorientado, perdido, sin que esto sea patológico; entonces se habla de embriaguez del despertar o despertar confusional.

¿Qué podemos decir de la función del sueño lento? Suele considerarse como el sueño de recuperación, el que devuelve el bienestar y elimina la fatiga.

El segundo tipo de sueño recibió el nombre de «sueño paradójico» o «fase de movimientos oculares rápidos», o también el sueño de los sueños. Se caracteriza por la aparición de pequeños movimientos oculares finos, visibles bajo los párpados cerrados. El EEG es relativamente rápido y poco amplio, parecido al de la vigilia. *Paradójicamente,* es el estadio en el que el umbral de vigilia es más alto.

El papel del sueño paradójico es todavía muy controvertido. Se sabe que interviene claramente en los procesos de memorización y aprendizaje —en efecto, su proporción aumenta si el sujeto está sometido a tareas de aprendizaje—. Por otra parte, en los recién nacidos en fase de sueño agitado, precursor del sueño paradójico, se observan desde el nacimiento «sonrisas angelicales» y todo tipo de mímicas que evocan emociones como placer, cólera o repugnancia,[2] cuando todavía no se han enfrentado al tipo de experiencias que podrían suscitar en ellos estas reacciones. Es como si «repitieran en el vacío» un conjunto de comportamientos innatos inscritos en sus genes, que ya hacen de ellos pequeños seres humanos.

Así pues, el sueño paradójico interviene tanto en la transmisión de lo innato como en la formación de las experiencias posteriores.

El sueño paradójico es un momento de actividad mental intensa. Pero no tiene la exclusiva, porque en el sueño lento también hay pensamientos, si no sueños. ¡Decididamente, el sueño no es un estado pasivo!

2. Para más información, véase la obra de los doctores M. Thirion y M.-J. Challamel, *Le Sommeil, le rêve et l'enfant,* Albin Michel, Bibliothèque de la famille.

LA ESTRUCTURA DEL SUEÑO A LO LARGO DE LA NOCHE

El sueño se organiza en ciclos a lo largo de la noche. Cada ciclo sigue un orden obligatorio; el sueño paradójico normalmente sólo aparece después de una fase de sueño lento y profundo.

Cada ciclo dura alrededor de 90 minutos en el adulto, pero es más corto en el niño. Empieza con el sueño lento y ligero, continúa con el sueño lento y profundo y termina con el sueño paradójico. Esta secuencia repetitiva que constituye el ciclo del sueño puede compararse a un vagón del «tren del sueño», por poner una imagen familiar. Para completar la metáfora, podemos hablar, en el buen durmiente, de un tren «directo», mientras que en el insomne se trataría más bien de un tren con horarios inciertos y, en el peor de los casos, ¡de un tren carreta que le dejará en cualquier parte, en cualquier momento, lejos de la estación de llegada, que es la hora programada para despertarse!

Una noche de sueño consta en general de cuatro a seis ciclos. Para sentirse bien, se necesita un mínimo de 5 horas de sueño, así como un centenar de minutos de sueño profundo, que corresponden al núcleo duro del sueño.

Los durmientes cortos se contentan con esto, pero los durmientes medios, una amplia mayoría, duermen de 7 a 8 horas. Los durmientes largos necesitan un tiempo de sueño más prolongado, que deben saber respetar (y hacer respetar por su entorno) si no quieren encontrarse con falta de sueño. Los durmientes largos de hecho emplean más tiempo en esperar el sueño profundo que los durmientes cortos, y éstos saben ahorrarse una parte más o menos importante del tiempo de sueño ligero.

El hipnograma,[3] representación gráfica que da cuenta de la organización de una noche de sueño con sus ciclos sucesivos, muestra que no se duerme de la misma manera al principio y al final de la noche. Los primeros ciclos son ricos en sueño lento y profundo, cuya necesidad debe satisfacerse de forma prioritaria. Durante los ciclos siguientes, el sueño profundo disminuye, y la proporción de

---

3. Las personas que han pasado por un estudio del sueño conocen bien esta gráfica, que representa la síntesis de la noche.

sueño paradójico aumenta; así pues, la proporción relativa de los dos tipos de sueño se invierte a lo largo de la noche.

Conviene saber también que el esquema del sueño se modifica con la edad, en caso de enfermedades como la depresión o bajo el efecto de ciertos medicamentos. Por ejemplo, los antidepresivos retrasan la aparición del primer sueño paradójico y disminuyen globalmente la proporción de este estadio del sueño. ¿Acaso soñar es peligroso para la moral? Algunos pretenden lo contrario, puesto que los sueños de los detenidos, y especialmente los de las personas que han vivido en el universo falto de esperanza de los campos de concentración, estaban llenos de colores y dulzura, según el testimonio de los supervivientes. Soñar permitiría tener lo que no se tiene en la realidad. ¿Qué debemos pensar entonces del efecto supresor de los antidepresivos sobre el sueño paradójico? Una pregunta por ahora sin respuesta. La mayoría de los tranquilizantes, por su parte, atenúan, en su mayor parte, el sueño profundo, a juzgar por la disminución de las ondas lentas del EEG, aunque proporcionan al durmiente la sensación de haber dormido bien. El sueño se percibiría mejor a pesar de que parece menos profundo; esto constituye una paradoja que por el momento carece también de explicación.

Cuanto más se alarga el tiempo de vigilia, más rápido es el adormecimiento y más profundo el sueño. En estas condiciones, la eficacia del sueño[4] mejora. Podemos llegar a la conclusión de que la falta de sueño facilita el adormecimiento como el ayuno estimula el apetito, un concepto sobre el que volveremos al hablar del tratamiento del insomnio.

En cualquier momento, el sueño puede verse interrumpido por un despertar espontáneo o provocado; un despertar franco y duradero se memoriza y a menudo se recuerda como un signo de mal sueño; un despertar de duración inferior a 3 minutos pasa desapercibido.

---

4. La eficacia del sueño corresponde a la relación entre el tiempo dormido y el tiempo pasado en la cama para algunos; para otros, sería más bien la relación entre el tiempo de sueño profundo y el tiempo de sueño total. En ambos casos, la relación se optimiza en el buen durmiente y se hunde en el insomne.

Para que el sueño sea reparador, no sólo es necesario que su duración sea suficiente, sino además que se respete su esquema: proporción suficiente de sueño lento y profundo y continuidad conservada.

Para que el sueño se perciba bien, es necesario que su eficacia se optimice, es decir, que se pase el menor tiempo posible en la cama sin dormir.

LA EVOLUCIÓN DEL SUEÑO A LO LARGO DE LA VIDA

La maduración del sueño en el niño

El recién nacido pasa la mayor parte del tiempo durmiendo, excepto en los periodos de alimentación y de higiene, pero al crecer el niño va centrando progresivamente su sueño en el periodo nocturno. La disminución del tiempo de sueño es sensible a los 6 meses: la duración del sueño es entonces de 14-15 horas cada 24 horas. Pasa a unas 12 horas hacia los 3 o 4 años (es decir, el 50 % de las 24 horas) y disminuye después para limitarse a un tercio del tiempo, como en el adulto. El sueño nocturno se estabiliza y se hace más continuo.

El número de siestas disminuye; de tres al día en el niño de 6 meses pasa a dos hacia la edad de 1 año y después a una hacia los 18 meses, con variantes según los niños.

El «sueño agitado», clásicamente considerado como precursor del sueño paradójico, es el que experimenta las modificaciones más importantes. Es muy abundante al principio de la vida y adquiere su proporción definitiva, entre un 18 y un 25 %, hacia los 10-12 años. Como fenómeno curioso, la mujer embarazada experimenta un aumento del sueño paradójico a lo largo de la gestación, como por mimetismo con el bebé, precursor de los fuertes lazos que los unirán al nacer.

El sueño agitado, el sueño tranquilo y la vigilia están claramente individualizados desde el nacimiento a término o incluso antes. La distribución del sueño en las 24 horas se regula después en función de los «marcadores temporales»,[5] o referencias proporcionadas por la alternancia entre luz y oscuridad, las comidas, los horarios de levantarse y acostarse, etc., y todas las costumbres promovidas día a día por los padres.

Todos los bebés se despiertan por la noche; se constata que los que han aprendido a dormirse solos, en general, saben volver a dormirse tranquilamente; los que se duermen en brazos tienen más tendencia a despertar a sus padres, porque necesitan más su ayuda para dormirse de nuevo. Las mamás pueden elegir el método de acostar a su bebé que les parezca más natural. Los pediatras deben dar los consejos necesarios en caso de dificultad.

Se considera un hecho que el sueño es indispensable para la vida y desempeña un papel fundamental para el desarrollo del niño. Pero esta regla parece admitir hoy algunas excepciones. Una observación[6] muy reciente ha sacado a la luz la ausencia de sueño detectable durante los dos primeros meses de vida en un mamífero marino, la orca de una reserva de San Diego, en Estados Unidos. Como para acompañar a su bebé, la mamá orca adoptó el mismo comportamiento y no dormía hasta que lo hacía el pequeño. Se trata pues de una especie que actúa al revés que las demás, no duerme cuando las otras pasan la mayor parte del tiempo durmiendo; pero no por eso se encuentra mal. ¡Una vez más, podríamos preguntarnos para qué sirve el sueño!

El envejecimiento normal del sueño

El sueño continúa evolucionando con la edad y no hay que asustarse por ello. En la mitad de la vida, no se duerme como en la infancia; tampoco se duerme de la misma manera al envejecer.

Las modificaciones del sueño empiezan, sin que nos demos cuenta, hacia la cuarentena y están marcadas por la aparición de

---

5. La expresión viene del término *Zeitgebers*, propuesto por los fisiólogos del sueño alemanes.
6. La observación de Jérôme Siegel se publicó en el periódico *Les Échos*, 25 de septiembre de 2003.

discontinuidades del sueño. El número y la duración de los periodos de vigilia se multiplican con la edad; cuando aumenta su duración, los periodos de vigilia no pasan desapercibidos. Cuanto más fragmentado sea el sueño, más crece la insatisfacción. La mujer vive esta alteración del sueño peor que el hombre y se queja de ello con mayor frecuencia.

La edad afecta bastante poco a la duración global del sueño a lo largo de las 24 horas, como máximo puede haber una ligera disminución. En cambio, el sueño profundo disminuye. Con la edad, se prolonga el tiempo que se pasa en la cama sin dormir; con el pretexto de descansar, la persona de edad se queda más tiempo despierta en la cama. Por la mañana, se guarda un mal recuerdo de estos largos momentos sin sueño, lo cual tiene una influencia negativa sobre la apreciación que el durmiente tiene de su sueño.

Con la edad, la hora de acostarse tiene tendencia a adelantarse. Cuando las jornadas están suficientemente llenas, la hora de dormir se espera como una liberación, aunque las perspectivas de la noche sean inciertas. Paralelamente, la hora de despertar es más precoz; toda la noche se desfasa. Se produce lo que los médicos del sueño llaman un «avance de fase». Por lo tanto, no es sorprendente que los *seniors* sean los primeros clientes de los mercados, cuando apenas se acaban de montar las paradas. En el polo opuesto, los adolescentes casi nunca van al mercado, puesto que, cuando se despiertan, las paradas ya están desmontadas. En su caso, el desfase va en el sentido de un «retraso de fase».

Las personas mayores, en los lugares que cada vez más se les reserva para vivir, sufren aburrimiento, fatiga, inacción, dolores y falta de contacto social, permanecen presas en su soledad yuxtapuesta a la de los demás y caen en el entorpecimiento, sea la hora que sea. Estos factores pueden hacerlos caer en el insomnio y, progresivamente, en una pérdida de la distinción entre el día y la noche. Si no tienen cuidado, corren el riesgo de volver al ritmo de vida de la primera infancia. ¡Y un envejecimiento armonioso no debe en ningún caso ser «un retorno a la infancia»!

Cuando una enfermedad añade sus efectos a los del envejecimiento —depresión, enfermedad de Alzheimer, de Parkinson, enfermedad cardiovascular, dolores articulares, etc.—, el sueño sufre todavía más. Dormir mal, a su vez, repercute de manera negativa en el conjunto y refuerza el aislamiento de la persona mayor. Por lo tanto, es imperativo impedir la entrada en este círculo vicioso.

UNAS PALABRAS SOBRE EL FUNCIONAMIENTO FISIOLÓGICO DURANTE EL SUEÑO

El sueño es un estado particular, con una forma de funcionamiento propia.

La curiosidad por el funcionamiento del organismo durante el sueño es reciente. Hasta ahora, se consideraba el sueño como un estado pasivo entre dos periodos de vigilia, destinado a recuperar el bienestar suficiente para el próximo periodo de vigilia; en suma, a los ojos de mucha gente, era un tiempo perdido que no suscitaba ninguna curiosidad, ni siquiera la de los investigadores. ¡Ninguna investigación, ningún tratamiento y, por lo tanto, ninguna medicina del sueño!

Este funcionamiento fisiológico complejo todavía está lejos de haber librado todos sus secretos. ¿Cómo no ceder a la tentación de mencionar algunas particularidades sorprendentes? ¿Qué ocurre, por ejemplo, con la estabilidad biológica durante el sueño, tradicionalmente considerada como necesaria para la integridad del organismo y la salud del individuo?

Antes de pensar en su salud, el durmiente debe asegurarse la supervivencia durante el sueño. Para ello, primero debe ponerse a cubierto, puesto que perderá el contacto con el mundo exterior y no recibirá ninguna información que le permita defenderse o huir, *to fight or flight,* como dicen los anglosajones. ¡Abandonarse al sueño vale, pero no al peligro!

Durante el sueño, la vida continúa, la del cuerpo y la de la mente. Así pues, podríamos esperar que los procesos de regulación se mantuvieran activos, ¡y sin embargo...!

Durante el sueño lento, el organismo mantiene un funcionamiento estable. La respiración y el pulso son regulares; lo mismo ocurre con la presión arterial, la tasa de azúcar en la sangre y la mayoría de las constantes biológicas, aunque algunas no se ajusten perfectamente a los mismos valores que en la vigilia. El sujeto conserva cierto tono muscular; está tranquilo y relajado; da la impresión de descansar. Es un sueño sin sorpresas, un sueño «ortodoxo».[7]

En el sueño paradójico, el concepto de «estabilidad biológica» se vuelve relativo. Es como si el organismo recuperara su libertad. El sistema nervioso vegetativo, el que permite que nuestro organismo funcione de forma automática sin que tengamos que preocuparnos de forma voluntaria, es el más afectado por los cambios del estado de vigilancia y especialmente por el paso al sueño paradójico. No necesitamos pensar en respirar o en hacer latir el corazón; son funciones que se forman y se regulan automáticamente. Pero, durante el sueño paradójico, las regulaciones son menos eficaces, de modo que ciertas enfermedades se amplifican o se ponen de manifiesto debido a la inestabilidad de la respiración, la frecuencia cardiaca, la tensión arterial u otros elementos biológicos. Eso es lo que ocurre especialmente en la apnea del sueño, sobre todo en los enfermos cardiacos.

En estas condiciones, surgen algunas preguntas: ¿es peligroso el sueño para la salud e incluso para la supervivencia? No es extraño hacerse preguntas y tener aprensión al acostarse, incluso puede ser una fuente de insomnio para las personas más angustiadas. ¿Acaso Hipnos, el dios del sueño, y Tánatos, el dios de la muerte, no eran hermanos gemelos?

Las épocas se suceden, llenas de las mismas angustias. ¿Quién no se ha sentido alguna vez inquieto por la noche y ha dudado en confiarse al sueño ante la incertidumbre de despertar a la vida? Una inquietud, sin embargo, poco fundada, cuando uno se da cuenta de que corre más riesgo si no duerme que si se aprovecha de los beneficios del sueño. Casi podríamos comparar estas reservas mentales con el miedo irracional de los indios americanos que, noche tras noche, temen que el sol no vuelva a salir a la mañana siguiente.

En este estadio del sueño, existen otros aspectos también singulares, como la abolición del tono muscular y de los movimien-

---

7. Durante el primer episodio de sueño lento y profundo es cuando se produce la secreción de la hormona del crecimiento. Por lo tanto, no basta con comer para crecer, también hay que dormir.

tos, aunque el corazón y los músculos responsables de la respiración y los movimientos oculares no se ven afectados por este fenómeno. Entonces, ¿por qué esta «parálisis»? En el gato, el animal predilecto para los estudios experimentales sobre el sueño, se puede eliminar la inhibición motriz del sueño paradójico lesionando las estructuras cerebrales que realizan esta función. En estas condiciones, se observa que el gato «transforma sus sueños en actos». El riesgo es entonces mayor para el animal, pues carece de información sensorial. Es evidente que la parálisis tiene un papel de protección. En el ser humano ocurre lo mismo, con la ventaja añadida de mantener en secreto el contenido de los sueños, puesto que no los transforma en actos observables por los demás. En efecto, muchos de los contenidos de los sueños ganan al mantenerse escondidos.

Completamente normal pero no menos sorprendente es la erección del sueño. Hubo que esperar hasta 1944 para disponer de la primera descripción de las erecciones del pene durante el sueño, y hasta 1965 para comprender que este fenómeno se producía durante el sueño paradójico, sin relación con el contenido de los sueños, contrariamente a la eyaculación nocturna. Como ustedes saben, señores, esto se produce desde el nacimiento hasta una edad avanzada, sin que se conozcan las razones y la finalidad. La erección del sueño se observa también en numerosos mamíferos. En el hombre, puede producir el impresionante efecto de «tienda de campaña» descrito por Michel Jouvet,[8] que cada uno puede imaginar. En la mujer, la erección clitoridiana, más discreta, también se produce en este momento.

Una buena referencia para los hombres con problemas de erección: si la impotencia es de origen psicológico, la erección matutina se mantiene; en caso de impotencia por causa médica, la erección desaparece tanto en el sueño como cuando se desea una relación sexual.

8. Fisiólogo del sueño de Lyon, uno de los descubridores del sueño paradójico.

LOS MECANISMOS DE REGULACIÓN: EL CONCEPTO DE «RELOJ INTERNO»

Se podría pensar que con el sueño ocurre como con otras necesidades del organismo. En caso de carencia, se pone en marcha un proceso adaptativo de compensación que favorece la satisfacción de la necesidad. Este proceso sirve para mantener lo que los médicos llaman «homeostasis» o mantenimiento de las diferentes constantes fisiológicas en sus valores normales por parte del sistema vegetativo y las glándulas endocrinas. En caso de sed, por ejemplo, bebemos y compensamos la falta de agua, evitando así la deshidratación, sin preocuparnos por saber si es o no el momento adecuado, porque todos los momentos son adecuados siempre que se disponga de agua. Con el sueño no ocurre así. A ciertas horas, la puerta está abierta al sueño; es el caso de la noche, pero también el del principio de la tarde. En cambio, al final de la tarde, las posibilidades de dormirse son muy bajas. Fuera de los periodos permitidos por el reloj interno,[9] el sueño no será de tan buena calidad como el que tiene lugar en el momento adecuado. Si no se puede elegir, se duerme cuando se tiene ocasión, aunque sea un poco menos o un poco peor.

La programación del reloj interno está firmemente establecida; incluso persiste un cierto tiempo en ausencia de alternancia luz-oscuridad, como muestran las experiencias de aislamiento temporal;[10] se trata de un ritmo «endógeno», es decir, inscrito en nosotros y que puede funcionar de forma autónoma durante un tiempo, sin los «sincronizadores externos», el principal de los cuales es la alternancia día-noche.

Algunos casos específicos muestran su importancia. Por ejemplo, los ciegos, que no perciben la luz, sufren trastornos graves del sueño y presentan episodios de somnolencia que se producen en cualquier momento, ya que su reloj interno no está regulado por el

---

9. Una estructura del encéfalo, el núcleo supraquiasmático, hace las funciones de reloj interno. Recibe información sobre la alternancia luz-oscuridad a través de la retina.

10. Véase la experiencia pionera de Michel Siffre, *Hors du temps*, Julliard, 1963.

principal marcador temporal. De la misma manera, las personas que se ven obligadas a trabajar con niveles de luz bajos, a causa de la propia naturaleza de su oficio, como los alcantarilleros o los fotógrafos, también se ven gravemente afectados.

Se ha dicho muchas veces, e incluso se ha escrito, que nuestro reloj interno se regula espontáneamente sobre 25 horas, y no sobre 24, como se podría pensar; en efecto, en la iluminación constante exigida por las condiciones experimentales del aislamiento temporal, se ha podido constatar la prolongación en una hora de la «jornada» del individuo privado de referencias temporales, que se desfasa cada vez más. En la actualidad se piensa que esta prolongación se debe probablemente a la ausencia de la disminución cíclica de la luz en este universo sin puestas de sol.

Así pues, la especie humana es y sigue siendo una especie de sueño nocturno, en las condiciones de vida normales. Dormir de día, aparte del periodo de siesta, es, en suma, dormir a destiempo. Este destiempo no afecta al sueño de forma aislada. En efecto, los ritmos del sueño están relacionados con un conjunto de ritmos, especialmente con el de la temperatura interna del organismo. El cuerpo se calienta de día y su temperatura disminuye discretamente por la noche; el mejor momento para dormirse es cuando el cuerpo se enfría. Esto no tiene nada de contradictorio con la sensación de calor que se siente durante la relajación que precede al adormecimiento. Precisamente el calentamiento de las extremidades es lo que permite los intercambios térmicos necesarios para la disminución de la temperatura del cuerpo. Estos intercambios son tanto mejores cuanto más fresca sea la temperatura ambiente. Para dormir bien, es necesario, pues, no calentar demasiado el dormitorio.

La temperatura se regula de forma más rígida que el sueño; requiere más tiempo para adaptarse en caso de desfase horario. El organismo se moviliza con mayor rapidez para la alternancia vigilia-sueño que para la temperatura; por lo tanto, puede encontrarse, durante un tiempo, en un estado de «desincronización interna». Este estado resulta molesto en caso de desfase horario, ya sea relacionado con los viajes, ya sea debido a horarios de trabajo atípicos. La recuperación de la coherencia de los diversos sistemas necesita una o dos semanas. Durante este tiempo, es como si se escuchara la *Pequeña música de noche* por un oído y un toque de corneta por el otro.

LA RECUPERACIÓN DESPUÉS DE LA FALTA DE SUEÑO

Todos hemos pasado por una noche acortada por una salida de vacaciones, una cita matinal o un vecino que celebra su fiesta sin invitarnos. Ocasionalmente, un sueño amputado se soporta bien, aunque son posibles algunos ataques de somnolencia al día siguiente. Se pone en marcha el mecanismo adaptativo, y una buena noche de recuperación permite compensar la falta. Sin embargo, no deben acumularse noches de sueño demasiado cortas porque la somnolencia podría adquirir proporciones peligrosas.

Desde un punto de vista cualitativo, el sueño lento y profundo es el que se recupera de forma prioritaria; los durmientes cortos son los más eficaces en este ámbito. La recuperación del sueño paradójico, por su parte, pasa a un segundo plano; es relativamente menos importante.

¿QUÉ OCURRE CON LAS PRIVACIONES DE SUEÑO IMPUESTAS?

Los fisiólogos del sueño han intentado observar lo que ocurre en caso de supresión del sueño. En el animal, la privación completa de sueño produce una degradación del estado general que puede conducir a la muerte. El individuo voluntario sano, que conserva en todo momento el derecho a poner fin a la experiencia, raramente supera los tres días; el máximo alcanzado es de once días. Algunos candidatos han presentado incluso trastornos psicológicos angustiosos, como una sensación de despersonalización, trastornos que no siempre han sido reversibles.

Las personas que están convencidas de que no duermen nada, pero gozan de una salud suficiente para quejarse alto y fuerte, deberían, a la luz de estos datos, tomar conciencia del hecho de que en realidad duermen un poco, aunque no se den cuenta de ello.

¿QUÉ OCURRE EN CASO DE DESFASE IMPUESTO DE LAS HORAS DE SUEÑO?

Cuando la necesidad de sueño es muy importante, es posible dormir en cualquier momento, incluso de día, a destiempo. Pero, en conflicto con el reloj interno, el sueño diurno nunca es tan largo, tan continuo ni tan rico en sueño profundo como lo es el sueño en las horas nocturnas. Para los equipos de trabajo que hacen tres turnos diarios, con rotación semanal, el esfuerzo de adaptación y el estado de desincronización interna son permanentes. Los trabajadores lo saben, a pesar de que la mayoría consigue funcionar con estas molestias. A los 20 años, el organismo es todavía muy adaptable y en general no pasa nada. Las dificultades se vuelven más frecuentes con la edad; entonces, en la medida de lo posible, hay que intentar recuperar los horarios convencionales.

Para los trabajadores de noche que se han convertido en verdaderos «pájaros nocturnos» y que realmente han conseguido desfasar su reloj interno, el regreso a un trabajo diurno no está exento de riesgos. Y lo que a primera vista se muestra como un favor al final de la carrera laboral puede transformarse en un regalo envenenado. La segunda adaptación del reloj interno puede ser todavía más difícil que la primera porque la flexibilidad del sistema es menor. Por otra parte, a algunas personas les conviene el desfase, prefieren las horas tranquilas de la noche: es cuestión de temperamento. Por ejemplo, conocí a un vigilante nocturno cuyo temperamento solitario casaba muy bien con su empleo. Cuando le propusieron un puesto de vigilante diurno, para sus dos últimos años de trabajo antes de la jubilación, se dio cuenta de que ya no sabía dormir de noche y de que, a su edad, no conseguiría adaptarse. La nueva situación era tanto más penosa cuanto que revelaba verdaderas dificultades de relación en el trabajo y, lo que es peor, en casa.

Este tipo de anécdota plantea otra pregunta: ¿qué ocurre durante el paso de la hora de verano a la hora de invierno y viceversa? Una hora de desfase se soporta sin problemas; el ser humano tiene la suficiente flexibilidad para una variación de una hora en un sentido u otro. Una noche una hora más larga durante el paso de la hora de verano a la hora de invierno es agradable; la noche siguiente llega un poco más deprisa y el primer día parece más corto, pero la cosa pierde importancia enseguida. Durante el paso a la hora de verano, sólo hay que devolver la hora de sueño que se ha tomado prestada anteriormente. Con el buen tiempo y el sol, el reloj interno se vuelve a sincronizar enseguida.

El sistema de regulación es más flexible en el sentido del retraso que en el del avance de los horarios; pero, incluso en el sentido más desfavorable, es capaz de controlar sin consecuencias una diferencia de una hora. En cambio, un desfase superior a una hora se vive de forma molesta, como muestran los viajes transmeridianos, especialmente hacia el oeste.

¿Cómo lo hacen los navegantes solitarios de altura?

No es navegante solitario quien quiere. Sin contar la extraordinaria resistencia física y psicológica que se requiere, hay que poder dormir a cualquier hora y, para ello, disponer de una motivación fuera de lo común. No se trata de controlar el reloj interno, es el mar el que decide. En Francia, algunos médicos del sueño[11] guardan bien el secreto del control del sueño en las condiciones extremas de la travesía oceánica. El aprendizaje es duro y los trabajos prácticos sólo son válidos en condiciones reales, ya que, paradójicamente, el estrés, en este caso, forma parte de los factores de éxito. El objetivo es aprender a economizar el sueño ligero para pasar con la mayor rapidez posible de la vigilia al sueño profundo; también es necesario poder salir en todo momento del sueño en estado de perfecta lucidez. Cualquier disminución del rendimiento significaría el fracaso y podría resultar peligrosa. Laurent Bourgnon da testimonio de ello; según él, el control del «sueño por pequeñas fracciones» es indispensable para el navegante solitario y, cuando la deuda de sueño es demasiado importante, se corre el riesgo de tener una mala percepción de la realidad, así como alucinaciones.

11. En el equipo del servicio del sueño del Hospital Rangueil de Toulouse, por ejemplo.

«En el mar, no somos gran cosa», dice con modestia y, por otra parte, promueve la relajación como coadyuvante.

El doctor Jean-Yves Chauve, un gran aficionado al mar, siguió a Gérard d'Aboville en su travesía del Pacífico a remo. Compara al marino con el hombre de las cavernas, siempre preparado, que sólo duerme con un sueño relámpago o por ciclo unitario de sueño y recupera los reflejos animales primitivos de supervivencia. Considera esencial controlar el tiempo de recuperación tanto como el del esfuerzo.

Sin ser navegantes, algunos de nuestros grandes hombres, como Napoleón, habrían tenido espontáneamente aptitudes excepcionales en materia de control del sueño: una necesidad limitada, una capacidad de dormir sólo cuando las circunstancias lo permiten y una recuperación muy rápida. Pero no sueñe con imitarlos en este punto, ¡no tiene ninguna posibilidad de parecerse a ellos y corre el riesgo de volverse insomne!

DORMIR EN CONDICIONES EXTREMAS

El sueño en altura

A partir de 2.000 m, el insomnio es frecuente, como saben muy bien los alpinistas. El sueño se fragmenta y su eficacia disminuye. Cuanto más se asciende, más empeora la situación. Explicación: durante el sueño, la respiración se vuelve «periódica», es decir, su amplitud varía como el flujo y reflujo de las mareas. Incluso se producen verdaderos paros respiratorios, como ocurre en las apneas centrales del sueño.[12] El frío extremo de la noche no favorece las cosas. Ya no se trata de enfriarse para dormir sino todo lo contrario, de mantener la temperatura y no caer en la hipotermia. Si añadimos el peligro, entre otras causas de estrés, comprenderemos fácilmente que el sueño se vea alterado. Los primeros signos que aparecen son la fatiga y la somnolencia; es necesario un tiempo de aclimatación. Los trastornos desaparecen

12. Véase el capítulo 8.

en unas semanas. Para tratarlos se utilizan somníferos o un diuré-
tico, la acetazolamida.

El sueño de los astronautas

Todavía más arriba, ¿cómo duermen los astronautas? A decir
verdad, con la ayuda de la química. Los primeros astronautas tenían
que dormir sentados por falta de espacio en las naves espaciales, lo
cual no facilitaba mucho el sueño. Por otra parte, en el espacio es
necesario, de manera general, ser operativo de forma permanente,
adaptarse a los días más cortos, a la promiscuidad, a la ingravidez,
al confinamiento e incluso los más duros deben saber controlar la
inevitable carga emocional. También existe el mal del espacio, a pesar de las mejoras en la comodidad a bordo, y entonces los somníferos resultan muy útiles.

El sueño durante las expediciones polares

Otro insomnio de casos extremos es el relatado por los explo-
radores polares, que se acompaña de dolor de cabeza y de un humor
huraño. Vivir sin la alternancia luz-oscuridad supone poseer un
reloj fiable y respetar, si es posible, unos horarios de sueño estables
en un ambiente oscuro, protegido de la luz, ya que las expediciones
se realizan durante el verano polar —habría que estar loco para
arriesgarse en invierno, a pesar del encanto de las auroras boreales
o australes—. Así pues, dormir en estas regiones se parece al sueño
en altura. Como en la montaña, hace frío; como en la montaña, se
constatan dificultades para conciliar el sueño, una fragmentación
del sueño y una respiración periódica. Jean-Louis Étienne, enamorado de las regiones polares, de sus bancos de hielo y de sus volca-
nes, se atreve a burlarse de las condiciones climáticas extremas y de
las estaciones en su sed de descubrimiento, y no pierde el sueño en
estas expediciones en solitario gracias al mantenimiento de una alternancia vigilia-sueño pactada con su reloj interno y con su reloj
de pulsera, sin tener en cuenta el grado de luz.

Esta proeza no sorprendería a los autóctonos de las regiones cercanas a los polos, que viven y duermen normalmente en regiones que nos parecen hostiles. Sin embargo, el invierno oscuro debe de resultar difícil de superar puesto que, en los países escandinavos, se utiliza mucho la luz artificial para compensar la falta de sol.

Una elección de estilo de vida

Después de hablar de este tipo de sueño tan difícil de mantener, ¿es mejor ser una persona ordinaria y quedarse en casa para dormir bien o, al contrario, buscar en la aventura algo para llenar los recuerdos y los sueños?

En realidad, no todo el mundo está hecho de la misma pasta; están los aventureros, las personas caseras y la gente como usted y como yo, curiosa pero no hasta tal extremo. Lo importante es no equivocarse de categoría antes de hacer la elección de vida o, mejor, la elección de sueño. «Conócete a ti mismo», estamos tentados a decirles a los que quieren salirse de los senderos trillados. En efecto, más vale probar los propios límites antes de hacerlo porque no existen criterios predictivos de adaptabilidad, especialmente en materia de sueño.

Capítulo 2

Dormir bien, dormir mal

DORMIR BIEN. ¿NECESITAMOS HABLAR DE ELLO?

La persona que duerme bien rara vez habla de su sueño; ni siquiera piensa en ello y no tiene la sensación de realizar una proeza cuando duerme. Si se desliza una mala noche entre otras que son buenas, espera a la noche siguiente para recuperarse, sin más inquietud. Este buen durmiente incluso acaba por resultar molesto para los insomnes que, por su parte, buscan desesperadamente el reposo que se les escapa.

¿Qué podemos decir de los que duermen bien? Poca cosa. El buen durmiente se acuesta cuando termina la jornada, se duerme y se despierta fresco y dispuesto a la mañana siguiente. Parece sencillo y, sin embargo, no le ocurre a todo el mundo. Las consultas de los especialistas se ven asaltadas, como se puede constatar, por todos los que se plantean esta pregunta: ¿qué hay que hacer para dormir bien? Una de las mejores respuestas posibles podría ser: no hacerse la pregunta.

¿Acaso un bebé se pregunta sobre el sueño? Duerme, sabe dormir desde el principio, ¡incluso puede dormir durante el nacimiento! Por lo tanto, no tiene necesidad de aprender. En cuanto llega al mundo, sabe gritar, hacer comprender que tiene hambre y dormir con un sueño completamente organizado. Sólo tiene que aprender la diferencia entre el día y la noche, lo cual no ha podido hacer en el vientre de su madre.

El sueño es, pues, una capacidad innata que forma parte del funcionamiento normal del ser humano, igual que la vigilia. Por otra parte, lo que es cierto para el ser humano lo es también para todo el reino animal. En los seres más elementales se distingue, como mínimo, una alternancia de periodos de actividad y de reposo. Después, el matiz «reposo/sueño» se vuelve aparente y, en la escala de las especies, el sueño paradójico sólo aparece en los animales de sangre caliente.

La naturaleza ofrece excelentes ejemplos de estrategias de sueño. Algunas especies, que no pueden permitirse dormir «a pierna suelta» por cuestiones de supervivencia, duermen sólo con medio cerebro cada vez; es el caso del delfín, que se ahogaría si se durmiera todo su cerebro al mismo tiempo; por lo tanto, duerme una vez con el hemisferio derecho y otra con el izquierdo. Lo mismo ocurre con ciertos pájaros migratorios, que no pueden dejar de volar para dormir. Al lado de estos ejemplos de control alternativo en un mismo individuo encontramos el reparto de tareas en ciertos patos, en los que el grupo se prepara para dormir colocándose en fila india, preferentemente a lo largo de una pared a modo de protección, con un pato vigilante montando guardia en cada extremo de la fila.[1] La historia no cuenta cómo se designan los vigilantes ni cómo se organizan los turnos de guardia.

Al contrario, ¿se puede soñar con dormir como una marmota? ¡Ah, no! Porque la marmota no duerme cuando hiberna, por lo tanto, al parecer tampoco sueña. En realidad, se entumece, se enfría y evita cualquier gasto inútil de energía durante los meses de penuria. ¿Qué es lo primero que hace cuando sale en primavera? ¡Se pone a dormir para recuperar la larga falta de sueño del invierno! Así pues, no hay que envidiarla. Este ejemplo confirma la hipótesis del carácter activo del sueño, porque dormir consume energía, mucho más que hibernar.

Dormir es, pues, un acto natural. Y, de todas las especies, la nuestra es la que tiene las «mejores aptitudes» para los trastornos del sueño y la única que se hace preguntas sobre su saber perdido.

1. Irène Tobler: observación del sueño de los animales del zoológico de Zúrich.

Los médicos habituados a ver pacientes atenazados por la angustia de dormir mal se quedan al menos desconcertados cuando personas sin problemas llegan a su consulta. El caso del señor D., de 45 años, que no se queja de nada, es, en este sentido, ilustrativo. ¿Qué hace en la consulta del especialista cuando las citas son tan difíciles de conseguir? Parece ser que el señor D. tiene una mujer muy atenta, absolutamente solícita, que se preocupa porque él se levanta cada noche hacia las 3 o las 4 y no se vuelve a acostar hasta una o dos horas más tarde. Hasta ese momento, duerme bien, después se vuelve a dormir hasta la mañana, se despierta en buena forma y no siente ninguna molestia durante el día: vigilancia estable, buen rendimiento en el trabajo y buen humor.

El señor D. ha acudido a la consulta porque su esposa se lo ha pedido. En realidad, tiene el perfil de un durmiente corto, con la particularidad de repartir su periodo de sueño en dos partes, al principio y al final de la noche, y se confiesa orgulloso de poder aprovechar un momento de calma en medio de la noche. La señora D., por tanto, puede estar traquila: su marido no está enfermo. Muy al contrario.

FALTA DE SUEÑO, MAL SUEÑO

Si bien los que tienen un sueño tranquilo no lo pregonan, los que duermen mal tienen tendencia a hablar mucho de sus problemas de sueño, incluso a no hablar de otra cosa, a no poder pensar en otra cosa. Pero no basta con hablar o pensar, hay que actuar. Un sueño insuficiente o perturbado tiene como consecuencia un trastorno de la vigilia, es decir, una somnolencia excesiva durante el día, cuando se necesita estar activo. Y una vigilia incompleta está cargada de consecuencias. El riesgo que se desprende de ello es tanto mayor cuanto más insidiosa es la instauración de la somnolencia; los primeros signos a menudo pasan desapercibidos debido a la disminución de la atención que conlleva la propia somnolencia. Cuando uno se da cuenta de que ya no está demasiado despierto, es que la somnolencia se ha establecido claramente, con su cortejo de «luces rojas parpadeantes» que indican un peligro: atención flotante, sensación de fatiga, ganas de dormir, bostezos y escozor en los ojos. Al principio de la tarde, se produce normalmente «un hueco de vigilancia» y cualquier aumento suplementario de la somnolencia puede transformar este momento en un periodo de alto riesgo.

La sensación de tener «los ojos que escuecen» nos recuerda nuestros años de juventud, cuando nuestros padres nos decían que «se nos caían los ojos de sueño» y había llegado el momento de acostarse. Hoy sabemos que la secreción de lágrimas disminuye durante la somnolencia, de ahí la sequedad ocular desagradable y la necesidad de frotarse los ojos, a menos que se cierren para dormir. Esta señal debe alertarnos. Señalemos de paso que la propia visión se modifica durante la somnolencia, la vista se nubla porque la acomodación es peor y el campo visual se encoge. El resultado es que el rendimiento de la visión se ve seriamente alterado.

En cuanto al significado del bostezo, podemos decir que sigue siendo oscuro y que los libros de uso profesional sobre el sueño hablan poco de ello. Sin embargo, se trata de un comportamiento involuntario muy relacionado con las ganas de dormir.

Estos signos nos informan de nuestra necesidad de sueño. En los platillos de la balanza, el sueño pesa cada vez más, mientras que la vigilia se hace más ligera, lista para cederle el paso. Efectivamente, es necesario que uno de los dos estados se atenúe para que el otro pueda aparecer. Entonces se instala un estado de somnolencia o de hipovigilia, en medio del cual pueden deslizarse pequeños periodos de sueño que en general pasan desapercibidos, pero que pueden resultar peligrosos en ciertas situaciones. Concretamente, si, cuando el semáforo se pone verde, la bocina del coche de atrás le sobresalta, es que le despierta y que se había dormido sin querer cuando el semáforo estaba rojo.

En la carretera: un peligro

Si las circunstancias lo permiten, lo mejor es echarse un sueñecito. Dormir un cuarto de hora puede restablecer una vigilancia correcta para varias horas. En caso contrario, se puede intentar luchar de forma más o menos eficaz contra el adormecimiento y continuar la actividad en curso. El reto depende entonces del tipo de actividad. La lectura del periódico superará sin problemas una disminución de la vigilia, pero detenerse al volante de un coche se convierte en una necesidad absoluta, porque el menor adormecimiento puede causar un accidente. El inicio de la tarde es un periodo especialmente sensible. ¡Y no hay que confiar demasiado en el café de después de comer, puesto que la cafeína no actúa de forma inmediata!

Los pasajeros desempeñan también un papel importante. Deben aprender a reconocer los comportamientos que indican la somnolencia del conductor para poder dar la alarma: bostezos, necesidad de moverse, de frotarse los ojos, de pasarse la mano por el pelo, de abrir la ventana, de poner la radio, de comer un caramelo... Además, deben tener conciencia de la gravedad de la situación, lo cual no percibía una señora que acudió un día a mi consulta acompañando a su marido, puesto que me dijo tranquilamente: «No se preocupe, doctora, cuando veo que mi marido se duerme conduciendo, le hablo y todo va bien». Pero los dos eran personas mayores y con múltiples enfermedades. Al escucharla, me pregunté cuál de los dos corría el riesgo de dormirse primero. Con toda ingenuidad, emprendían trayectos largos despreciando las reglas más elementales de seguridad, cuando sólo detenerse y descansar habría sido una respuesta adecuada.

Durante la somnolencia, la atención ya no es continua y la concentración deja de ser eficaz. Los acontecimientos que tienen lugar en esta fase de hipovigilancia se memorizan mal, hasta el punto de que se podría pensar en un trastorno de la memoria. Por otra parte, aparece el mal humor. En caso de somnolencia de larga duración, la vida familiar se vuelve difícil y las relaciones sociales se enrarecen; se hace difícil acostarse tarde o aceptar una salida. La sexualidad también sufre las consecuencias. En el trabajo, la eficacia disminuye. En suma, todo va mal.

No solamente la calidad de vida se deteriora, sino que la propia vida puede estar en peligro a causa de una alteración de los reflejos, ya que el tiempo de reacción se prolonga y se reacciona más lentamente, los comportamientos cambian y se reacciona peor.

Por ejemplo, un conductor, incluso experimentado, aprecia con menor facilidad las distancias e infravalora el riesgo; cambia involuntariamente su estrategia y se pone a conducir como un «conductor joven» sea cual sea su edad. Se tiende a apretar más el acelerador que el freno... Resultado: pasa o arrasa.

Este estado puede tener consecuencias dramáticas. En Francia, los accidentes de carretera debidos a la somnolencia representan el 20 % de los accidentes mortales en autopista y algo menos en otro tipo de carreteras, es decir, ¡8.000 muertos al año a razón de un millón de euros por fallecimiento, 30.000 heridos al año a razón de 400.000 euros de media por cada herido grave! Y en Estados Unidos, una comisión especial ha evaluado el coste anual de los trastornos del sueño en 100.000 millones de dólares, la mitad de los cuales es imputable sólo a los accidentes.

En suma, no basta con determinar las sustancias sedantes en el aliento o en la sangre de los infractores, exigir la colocación del cinturón de seguridad o prohibir hablar por teléfono al volante, causas potenciales de accidentes que son objeto de medidas de prevención puesto que se pueden constatar. Además, habría que aprender a detectar la somnolencia sobre la marcha, sin tener que preguntar al conductor, lo cual lo despertaría.

No olvidemos tampoco que los jóvenes de menos de 25 años son los que pagan el tributo más alto a esta vigilancia a media asta, sobre todo después de las veladas regadas con alcohol de los fines de semana. Un regreso de madrugada, cuando la presión del sueño alcanza su punto máximo, es peligroso por sí mismo. El alcohol, el tabaco o las drogas aumentan el riesgo.

¡Estar perfectamente despierto para ponerse al volante es una divisa que debería convertirse en ley! Una orden ministerial francesa demasiado poco conocida, publicada en el *Journal officiel* del 7 de mayo de 1997,[2] establece la incapacidad para conducir de las personas que padecen un trastorno del sueño o alteraciones de la vigilia, hasta que se resuelva el problema y la vigilancia vuelva a ser normal. El papel del médico es, pues, informar a su paciente de las disposiciones legales y del riesgo que corre. Incluso debe obtener

2. Véase la parte de este decreto que afecta al sueño en el anexo 2.

una declaración escrita del paciente en la que reconozca que ha sido informado, lo cual a veces los enfermos no aceptan bien, cuando en ningún caso puede violarse el secreto profesional. Así pues, pueden y deben contarse y analizarse con toda confianza estos trastornos con el médico, para evitar eventuales consecuencias dramáticas.

La responsabilización del conductor y la corrección del trastorno, que pasa por una recuperación de la falta de sueño o por un tratamiento adecuado, constituyen la clave de la seguridad de nuestras carreteras.

EN CASA Y EN EL TRABAJO: UN VERDADERO RIESGO

En casa, como en la carretera, un buen número de accidentes domésticos es imputable a un grado de vigilia insuficiente. En el trabajo, el acoso a la somnolencia debe ser una prioridad; el coste de los accidentes laborales relacionados con los trastornos de la vigilancia es más difícil de cuantificar que el de los accidentes de carretera, pero existe. Sabemos, por ejemplo, que el riesgo de error humano es máximo durante la noche, cuando la vigilancia es inestable. Quién no recuerda lo que ocurrió en Chernóbil durante la noche del 26 de abril de 1986,[3] un drama del que los expertos han dado a conocer que, más allá del problema del reactor, las consecuencias habrían podido limitarse si se hubieran aplicado las medidas más adecuadas con una coordinación y una rapidez suficientes. Para ello, también habría sido necesario tener un buen rendimiento y, por lo tanto, estar bien despierto. Pero por falta de rapidez y de comportamientos adecuados, no fue posible limitar la terrible catástrofe de consecuencias dolorosas y todavía mal evaluadas a largo plazo. Y los ejemplos de este tipo son múltiples.

En una empresa es fácil pasar por alto una somnolencia excesiva, incluso cuando se es médico del trabajo, puesto que el sujeto somnoliento rara vez se queja de forma espontánea. Razón de más

3. Para más detalles u otros ejemplos del mismo tipo, véase el libro del doctor D. Léger, *Le Sommeil roi*, First, 1998.

para buscarla sistemáticamente, gracias a los métodos de diagnóstico precoz y a un entorno capaz de identificar el trastorno y animar a la persona somnolienta a consultar.

Una primera orientación puede obtenerse a través de las escalas de vigilancia[4] fáciles de llenar, aunque la validez de los resultados depende de la toma de conciencia y la sinceridad del sujeto. Es evidente que un individuo cuyo oficio sea conducir estará poco dispuesto a proclamar su somnolencia, a riesgo de perder su empleo. Al contrario, tendrá tendencia, conscientemente o no, a minimizar el trastorno, olvidando que arriesga su vida y la de los demás. Por lo tanto, es importante saber que actualmente se dispone de medios objetivos de diagnóstico,[5] exámenes que se realizan en un medio especializado, que proporcionan pruebas del trastorno y permiten medir su gravedad. Por desgracia, hoy es más fácil hacer una prueba de alcoholemia que evaluar el grado de vigilancia de un individuo. No obstante, ambas cosas deberían poder hacerse en las mismas condiciones, al borde de la carretera. Tendrían que diseñarse pruebas rápidas pero fiables para reconocer la somnolencia al volante. La tarea es difícil porque cualquier intervención contribuye a despertar al sujeto. En espera de poder evaluar la somnolencia en un momento dado, es necesario contentarse con detectarla con los medios disponibles en los sujetos de riesgo.

Así pues, todavía es necesario realizar un esfuerzo importante para que todos tomemos conciencia de las enfermedades que padecemos y las aceptemos con las limitaciones que imponen.

¡No por ello las personas con buena salud deben sentirse autorizadas a excluirse de estos esfuerzos de toma de conciencia! También ellas tienen que respetar unos límites; este mensaje les está destinado en primer lugar.

---

4. Véase el anexo 1.
5. Pruebas múltiples de latencias del sueño, que se realizan en el laboratorio del sueño. Véase el capítulo 6.

Capítulo 3

Un problema de sueño. Las preguntas que se plantean los que duermen mal

¿Cuánto tiempo hay que dormir?

Detrás de una pregunta de carácter general, a menudo se esconde una inquietud personal: «¿Duermo realmente lo necesario?».

La persona que se hace esta pregunta suele tener una percepción muy negativa de su sueño, que cree insuficiente. Sin embargo, la sensación que tiene siempre es peor que la realidad. A esto se añaden consideraciones rígidas sobre las necesidades de sueño, necesidades que varían según los individuos y sobre las que la única norma es la del propio individuo cuando aún dormía bien.

Repitámoslo: cada individuo es único. Y su sueño también. Un durmiente largo debe poder dormir cuanto necesite; por lo tanto, es inútil tacharlo de indolente o de perezoso. Por su parte, un durmiente corto puede contentarse con 5 o 6 horas de sueño cada 24 horas, que constituyen el «núcleo duro» del sueño, y se equivoca si cree que no duerme lo suficiente. No se es «anormal» si la necesidad de sueño no corresponde a la media de 7-8 horas por noche. El mejor tiempo de sueño es en realidad el necesario para sentirse bien.

No obstante, como en otras circunstancias, lo mejor puede ser enemigo de lo bueno. Efectivamente, dormir demasiado deja en un estado menos satisfactorio que dormir justo lo suficiente.

¿Cuándo hay que acostarse?

Esta pregunta parece anodina, pero puede ser reflejo de grandes inquietudes. Como también ésta: «¿Se me escapará el tren del sueño y me comprometerá la noche? Ante la duda, me gusta tanto acostarme temprano como tarde».

La mejor hora para acostarse difiere según los individuos, según sean trasnochadores o madrugadores. Para todos, la hora ideal es aquella en la que aparece el sueño, tanto si son hacia las 21-22 horas para los que se acuestan temprano, como después de medianoche para los que se acuestan tarde. Todo depende del ajuste del reloj interno de cada uno, es decir, de la situación de la zona horaria favorable para el sueño en las 24 horas. Sabemos cuándo rendimos al máximo y también cuándo necesitamos dormir. Si las circunstancias nos obligan a acostarnos más tarde de lo normal, basta con esperar el próximo tren —llega uno más o menos cada 90 minutos—, y la pérdida del ciclo del sueño se recuperará la noche siguiente. Más vale apostar por este tipo de compensación que levantarse más tarde el día siguiente. A la inversa, acostarse más temprano no sirve de nada ¡cuando las posibilidades de dormirse antes de la hora son mínimas!

Cada individuo se caracteriza por una doble tipología. La primera concierne a la duración del sueño, y según ésta se puede ser durmiente corto, medio o largo. La segunda concierne a la hora favorable para el sueño, y con respecto a ésta se puede ser más bien trasnochador y acostarse tarde o más bien madrugador y levantarse temprano. Existen escalas de «madrugabilidad» y de «trasnochabilidad»; con o sin, cada uno sabe bien a qué grupo pertenece.

Un «trasnochador y durmiente corto» puede acostarse a medianoche y estar en forma a la mañana siguiente, a las 5-6 horas, para ir a trabajar; un «trasnochador y durmiente largo» tendrá problemas para levantarse por la mañana, llegará tarde con frecuencia y necesitará levantarse tarde o hacer una buena siesta el fin de semana. Pero acostarse más temprano si no tiene sueño no le servirá de nada. Entre los durmientes largos, los que se acuestan temprano son los que se arriesgan menos a la falta de sueño.

Así pues, el exceso de buenas intenciones no sale a cuenta; ¡antes de la hora no es la hora!

¿QUÉ PENSAR DE LA SIESTA?

Más que una cuestión referente al control del propio sueño, detrás de esta pregunta se esconde el miedo a la opinión de los demás. Una anciana me decía un día: «Apenas me atrevo a decírselo, pero me gusta mucho hacer la siesta. Los demás se burlan de mí. A mi edad, puedo permitírmelo, ¿verdad, doctor? ¡Además, me sienta tan bien!». Tenía razón, la siesta no hace daño a nadie. En cambio, las burlas sobre este tema pueden herir.

No es necesario tener problemas de sueño o ser mayor para permitirse hacer la siesta. Y los que piensan que los amantes de la siesta son unos perezosos están muy equivocados.

Cuando no se pone en la cuenta de la indolencia, la somnolencia de principios de la tarde se debe a menudo, al menos así lo creen algunos, a una comida demasiado abundante o demasiado acompañada de alcohol. Por otra parte, existe una expresión para ello, se habla de «somnolencia posprandial». En realidad, la comida no hace nada, a menos que se trate de un verdadero exceso, que no haría más que empeorar la situación ligada a la hora. La siesta corresponde ni más ni menos que a un hueco de vigilancia totalmente fisiológico relacionado con la programación del reloj interno; por lo tanto, es normal y no vergonzoso tener sueño después de almorzar.

Así pues, hay que eliminar el tabú que pesa sobre la siesta, especialmente en el mundo de la empresa, donde la gente se pasa cinco días de cada siete de su vida activa. En efecto, ¿qué hay más molesto que dejarse sorprender echando una cabezadita durante una reunión a las dos de la tarde? Más bien pienso que es muy curioso organizar reuniones a semejante hora porque, sea cual sea la situación, incluso ante los mandos de un avión, un sueñecito breve y programado que sirva para recuperar la buena forma es siempre preferible a los disgustos y riesgos de una somnolencia duradera e incontrolada.

Algunas empresas son actualmente pioneras en el tema del control de la vigilancia en el trabajo y proponen a sus empleados diferentes soluciones, desde la sala de relajación hasta las sesiones de relajación, pasando por el «colchón-almohada plegable», que permite descansar discretamente...

En cualquier caso, ciertas experiencias demuestran que el rendimiento es claramente mejor después de un descanso de 20 minutos. De manera que tanto empleadores como empleados ganarían mucho si se organizaran siestas inteligentes. ¡Quizás iremos llegando a ello progresivamente!

Por el momento, hay que admitir que la siesta no forma parte de la cultura francesa. Sin embargo, no muy lejos, a orillas del Mediterráneo, la siesta es una tradición. En los países cálidos, es normal dormir poco por la noche para aprovechar las horas frescas del anochecer y el amanecer, así como dormir cuando hace más calor, cuando cualquier acto resulta penoso. Si añadimos las horas de sueño nocturno a la siesta, la necesidad de sueño se ve satisfecha. Sólo cambia la distribución del sueño a lo largo de las 24 horas.

Por lo tanto, en el buen durmiente, una siesta ocasional, para compensar la falta de sueño, no está más contraindicada que levantarse tarde. En cambio, la siesta es discutible en el insomne, que se arriesga a dormir todavía peor por la noche. Conciliar el sueño le resultará tanto más problemático cuanto que la necesidad de sueño haya sido ya parcialmente satisfecha. En cuanto a los que hacen no una siesta sino varias siestas repartidas durante el día, fragmentan su tiempo de sueño y desorganizan su ritmo vigilia-sueño. En estas condiciones, no es sorprendente que su sueño nocturno sea malo; noches en blanco y días nefastos acaban por confundirse para ellos en una neblina permanente que se mantiene a sí misma. Es la trampa que acecha a las personas mayores, poco ocupadas.

Para concluir, una siesta no compromete la noche siguiente si se limita a 15 o 20 minutos de sueño, un lapso de tiempo que no permite entrar en el sueño profundo pero se muestra suficiente para «refrescar» eficazmente el resto de la tarde.

Si bien, como hemos visto, en general se desaconseja la siesta a los insomnes, se puede hacer una excepción a la regla en algunos de ellos. En efecto, la siesta puede darles la oportunidad de recuperar la sensación perdida de dormirse fácilmente y atenuar así su ansiedad de la noche para reconciliarlos con el sueño. Los mejores candidatos son los que pueden dormir de día pero tienen dificultades para conciliar el sueño cuando llega la hora de dormir, precisamente porque es la hora de dormir.

Por lo tanto, ¡es conveniente rehabilitar la siesta!

¿POR QUÉ VERSE TAN MAL RECOMPENSADO POR LAS BUENAS INTENCIONES?

Lo mejor es a veces enemigo de lo bueno, dice un refrán. Una máxima que se aplica perfectamente al sueño. Cuanta más atención se le presta, más se lo ahuyenta. Este exceso de buenas intenciones muestra una inquietud capaz de estimular la vigilia y, por lo tanto, de alejar el sueño.

Visitamos a muchos pacientes que, equivocadamente, nos dicen: «Por la noche, me acuesto lo más temprano posible, así al menos descanso. Apago la luz, estoy tranquilo, no me muevo y espero que llegue el sueño».

Esta frase, a menudo esperada en la consulta, es el *leitmotiv* de personas demasiado bienintencionadas, obsesionadas con la idea del descanso salvador que se supone que las protege de la temible fatiga. Tanto peor para el aburrimiento y las ideas poco optimistas que intentan eliminar; caen en la ilusión de una relajación que creen conseguir con la inmovilidad. Pero creer que no moviéndose se consigue no estar nervioso es equivocarse de medio a medio. La ausencia de signos exteriores de agitación no garantiza en absoluto la calma interior, una calma que sólo conduce al sueño si es auténtica. ¡Intentar ponerse en unas condiciones mentales positivas o imaginar una «nubecilla rosa» nunca ha permitido a nadie enmascarar de forma duradera sus ideas taciturnas!

¿QUÉ MÁS HACER O CÓMO HACERLO MEJOR PARA DORMIRSE AL FIN?

Para dormir mejor, es conveniente que nos demos cuenta desde el primer momento de nuestras costumbres contrarias al sueño. Después, hay que tomar conciencia de los errores cometidos y adoptar comportamientos adecuados. Estos cambios de hábitos generan un estrés que puede empeorar la situación de forma pasajera y, por lo tanto, es mejor estar advertido previamente. ¿Por qué hacer este esfuerzo? Para intentar salir del círculo vicioso del insomnio.

En efecto, experiencias repetidas de mal sueño hacen que cada noche nos preguntemos por la noche siguiente. ¿Será, por fin, mejor? La inquietud gana y se extiende a las consecuencias anticipadas de dormir mal sobre el bienestar del día siguiente. El resultado es que la confianza que tiene el paciente en su capacidad de dormir se desmorona y la confianza en sí mismo se debilita. Los síntomas son un miedo que se establece al acercarse la noche y la pérdida de las ganas de acostarse. Evidentemente, en este estado psicológico las dificultades para conciliar el sueño se confirman, con una prolongación del tiempo pasado en la cama sin dormir, en una búsqueda demasiado activa del sueño. El adormecimiento se retrasa cada vez más y, en consecuencia, el tiempo disponible para el sueño antes de levantarse se acorta. Por ello, el tiempo de sueño disminuye y el sujeto se encamina hacia una falta real de sueño. Por la mañana, la irritabilidad, la fatiga y la disminución del rendimiento acuden a la cita. El círculo se cierra, ¡los trastornos se perpetúan y empeoran!

Para salir de esta espiral, no hay ninguna solución milagrosa. No obstante, algunas ideas pueden mostrarse eficaces.

Para empezar, conviene establecer una transición entre las actividades del día y el reposo nocturno, previendo actividades de relajación al anochecer. El durmiente necesita un «tiempo de descompresión psicológica», del mismo modo que el submarinista que asciende a la superficie necesita una «escala de descompresión». Evidentemente, esto lleva su tiempo, pero es un tiempo que puede aprovecharse para realizar actividades agradables: escuchar música, leer, charlar en familia…

Después, no acostarse hasta que se tenga sueño, lo cual no haría más que alargar el periodo de adormecimiento. Cuanto más largo es este tiempo, más aumenta el nerviosismo y más se aleja el sueño.

A continuación, adoptar hábitos regulares, que se conviertan en señales favorables para el sueño: beber una infusión antes de cepillarse los dientes, ponerse el pijama, etc.

Una vez en la cama, dejarse caer en los brazos de Morfeo. Y si el sueño no llega, sobre todo no insistir. Si el tiempo parece largo, sea la hora que sea, lo mejor es levantarse, salir del dormitorio y realizar una actividad tranquila con luz suave esperando que el sueño llegue de nuevo. Entretanto, se alargará el periodo de vigilia, la presión del sueño será más intensa y las posibilidades de dormirse serán mayores que en el primer intento. Puede parecer desagradable levantarse en medio de la noche, cuando la cama está calentita y la habitación un poco fresca (imagine lo que representa para su cónyuge, que también está allí y se despierta a pesar de todos sus esfuerzos de discreción), pero es mejor que ponerse nervioso en la cama.

En suma, es esencial reservar la cama para el sueño en lugar de convertirla en «la cama del insomne». Pero también hay que reservar la cama para la noche y evitar acostarse en ella de día, excepto para arranques de ternura. Y finalmente, aprovechar la luz y el sol en lugar de permanecer en una atmósfera oscura durante el día.

¿Qué hacemos contra este sueño tan deseado?

Existen actitudes contrarias al sueño que se establecen por sí solas y que no son fáciles de eliminar. Éstas son algunas de ellas.

Buscar el sueño de manera demasiado activa

«Es imperativo que me duerma porque tengo una cita crucial mañana.» «Quiero dormir.» Estas expresiones perentorias constituyen un lenguaje de hipnotizador de salón y no sirven para nada.

Acechar el sueño y abrir, por ello, la puerta a la inquietud

«Me acuesto, pero ¿me dormiré?» Otra técnica muy perniciosa porque, con la duda en la mente, seguro que no consigue dormirse.

ANTICIPARSE AL MAL SUEÑO Y A SUS CONSECUENCIAS
PARA EL DÍA SIGUIENTE

«Mañana tendré de nuevo la cara de los días malos y todo el
mundo comprenderá que he dormido mal y que esto no funciona.
No es bueno para mi imagen pública.»

SENTIR LA ANGUSTIA DE UN SUEÑO QUE SE BURLA DE UNO
Y SUFRIR POR ELLO

«Por la noche me acuesto porque me caigo de sueño y, en cuanto estoy en la cama, me encuentro completamente despierto.» Es el
ejemplo típico de un condicionamiento contrario al sueño y susceptible de ser objeto de una terapia comportamental.

PENSAR QUE SI TODO VA MAL ES POR NO DORMIR BIEN

«Si pudiera dormir, no tendría problemas; la prueba es que,
cuando consigo dormir, todo va bien.»
La atribución es errónea y la lógica que debe adoptarse es la
contraria; tomar el sueño como chivo expiatorio es una buena manera de no tener que hacerse preguntas sobre uno mismo. Hay que
sustituir estos errores de juicio por principios justos mediante, por
medio de una terapia cognitiva.

¿CÓMO HACER PARA DORMIR CUANDO TODO CAMBIA ALREDEDOR DE UNO?

¿DORMIR FUERA DE CASA, EN CASA DE LOS AMIGOS,
EN EL CAMPING O EN EL HOTEL?

Hemos visto que el cambio, sea el que sea, puede perturbar el
sueño. Pero en estas circunstancias, la relajación general suele pre-
valecer sobre el estrés del cambio y, pasada la primera noche de ha-

bituación, se duerme. Sin embargo, es posible que algunas personas no consigan relajarse; en estos casos, un somnífero o un tranquilizante puede ser útil para una noche o dos.

En cuanto a los que duermen mejor fuera que en casa, es el signo de que entonces no están sometidos a las tensiones habituales y sus inquietudes se calman. Pero deben reflexionar sobre este hecho para preparar el regreso al domicilio.

¿DORMIR LA NOCHE DE UN REGISTRO DEL SUEÑO?

Ahora que conocemos mejor los trastornos del sueño y sabemos identificarlos, recurrimos cada vez con mayor frecuencia a este tipo de examen. Es legítimo preocuparse cuando las decisiones terapéuticas dependen de resultados relacionados con la presencia del sueño, que la colocación de diversos sensores y aparatos registradores parece poner en peligro.

Pero la experiencia demuestra que generalmente hay suficiente sueño en la noche para establecer un diagnóstico, aunque los aparatos resulten molestos. Los médicos incluso se sorprenden, al leer los registros, de ver que la mayor parte de la gente consigue dormir con normalidad o casi.

¿DORMIR EN PLENA MUDANZA?

En medio de cajas de cartón, sin cepillo de dientes, en una cama que no se tienen fuerzas para hacer, con pijamas y sábanas que parecen sentir un malicioso placer en esconderse en las cajas todavía cerradas, ¿cómo se puede dormir?

Si lo consigue, es porque tiene una calma olímpica, en la medida en que resulta evidente que las circunstancias no ayudan. Un consejo para organizarse, más bien antes que después de la mudanza: piense en convertir el sueño en una prioridad de los primeros días si quiere sentirse bien en su nuevo domicilio y establecer un vínculo afectivo con él. Por ejemplo, se puede poner el material necesario para dormir en una sola caja y anotar su contenido encima, para poder reconstruir un poco, desde el primer momento, el universo de la noche y recuperar un mínimo de objetos familiares. Con la ayuda de la fatiga, y quizá también de una pequeña dosis de somnífero, es posible pasar el escollo de la primera noche sin demasiados problemas.

¿Dormir durante un viaje?

El viaje, la aventura que representa, suscita a veces excitación, que puede impedir conciliar el sueño a algunas personas incluso antes de partir. Después, poco a poco, se aprende a ser itinerante.

La manera de vivir de los «viajeros» nos permite aprender una lección: hay que intentar mantener constante, como los que transportan su casa, todo lo que lo puede ser y conservar al máximo las propias costumbres al acostarse haciendo abstracción de un entorno que cambia noche tras noche. Se recomienda adaptar los horarios de comidas desde la salida en función de la hora del país de llegada, levantarse a la hora a la que se está acostumbrado se esté donde se esté y exponerse a la luz del sol desde la mañana para acelerar la adaptación al desfase horario.

Es esencial procurar mantener la buena salud mediante la administración de las vacunas adecuadas si el lugar de destino lo requiere, proveerse de los medicamentos de primera necesidad y tener cuidado con lo que se come y se bebe.

¡Atención a los mosquitos, que pican sobre todo por la noche y son un verdadero veneno para el sueño! Mosquitera e insecticida forman parte del equipo del viajero.

¿UN SUEÑO CORTO ES INSOMNIO? ¿DÓNDE ESTÁ EL LÍMITE?

He atendido a diversos pacientes que han acudido a la consulta por un sueño considerado demasiado corto por su entorno. Se encontraban bien, pero cedieron a los requerimientos de sus allegados. No podía hacer más que tranquilizar a todo el mundo sobre lo que llamaría una «enfermedad por poderes».

He visto a otras personas convencidas de padecer insomnio porque dormían menos que su cónyuge, un durmiente largo. Finalmente, he visto a padres preocupados por un hijo durmiente corto al que intentaban imponer un tiempo de estancia en la cama más largo de lo necesario, arriesgándose así a producirle un insomnio.

Una insuficiencia de sueño no empieza hasta que existe una molestia funcional, es decir, hasta que hay consecuencias negativas sobre el bienestar del día siguiente. Lo que cuenta no es la duración del sueño, sino la recuperación que permite; un sueño reparador es, por definición, un sueño bueno y suficiente.

Los durmientes cortos no son insomnes, simplemente tienen una necesidad individual de sueño más corta que la media. No por ello están protegidos contra el insomnio, que acortaría todavía más su tiempo de sueño.

El insomnio existe también en el niño. Como no se queja de dormir mal, el trastorno se manifiesta a menudo a través de una modificación de su comportamiento: agitación, inestabilidad y pérdida de atención. Es un niño que se vuelve insoportable, que ya no se reconoce y cuyos resultados escolares acaban siendo desastrosos. Estos signos deben alertar a los padres. No obstante, reñir al niño no hará más que empeorar la situación, e intentar «calmarlo» con medicamentos es un error. Lo mejor es intentar comprender lo que ha podido ocasionar el cambio y actuar sobre la causa.

¿HAY QUE AVERGONZARSE DE DORMIR DEMASIADO? ¿HAY QUE HABLAR DE ELLO?

Sueño intempestivo, una lucha constante contra la somnolencia o una prolongación del tiempo de sueño en las 24 horas son síntomas que constituyen, por así decir, «una imagen en espejo» de los síntomas del insomnio. Son llamadas de atención que siempre deben conducir a la consulta. Ahora bien, los hipersomnes consultan poco y tarde; a menudo, son culpabilizados por un entorno que no deja de estimularlos o de considerarlos como perezosos, cuando tienen problemas para intentar mantenerse despiertos.

Es tan importante dormir bien como estar bien despierto; pero la experiencia muestra que, con las debidas proporciones, las consultas por trastornos del sueño son infinitamente más numerosas que las motivadas por un problema de vigilia; ¿hemos oído alguna vez a alguien quejarse de falta de vigilia?

¿DORMIR MAL ES HEREDITARIO?

Es cierto que hay familias de buenos y familias de malos durmientes, pero no se conocen genes del mal sueño. Posiblemente, existe cierta predisposición familiar, pero no es determinante por sí sola. El ambiente que reina en ciertas familias puede generar tensiones y, por ello, trastornos del sueño familiares, sin que pueda atribuirse ningún papel a la herencia.

Ciertos factores desencadenantes son la causa de la aparición brusca de un trastorno del sueño en personas que ya tenían una fragilidad. El origen del insomnio es, generalmente, multifactorial, es decir, mezcla causas psicológicas, biográficas, ambientales e incluso orgánicas. Ante esta diversidad, es fácil hablar de transmisión familiar.

No obstante, en las familias de depresivos, la frecuencia de insomnio aumenta. En las familias de obesos, la probabilidad de encontrar apneas del sueño aumenta. Pero, en estos dos casos, el trastorno no es más que la consecuencia de una enfermedad primitiva que puede ser familiar.

Capítulo 4

El misterio de los sueños

No contentos con hacerse preguntas sobre el sueño, los durmientes inquietos también acuden a los médicos especialistas para hablar de sus sueños, que son el objeto de muchos interrogantes, ya que su contenido ha dejado perplejo al ser humano desde la noche de los tiempos. ¿Acaso no sirvieron de apoyo a los oráculos, que los consideraban mensajes divinos, con valor premonitorio? ¿Acaso no eran, en la Antigüedad, el soporte de cualquier decisión, grande o pequeña, ninguna de las cuales se tomaba después de un sueño de signo negativo? Pues bien, todavía hoy nos intrigan las imágenes que agitan nuestras noches. Por otra parte, los sueños, sujetos a interpretaciones, se han convertido, después de casi un siglo, en tema de diversos estudios.

En especial los psicoanalistas utilizan los relatos de sueños como un acceso al inconsciente, la esfera más íntima del psiquismo y de las emociones, en la que se esconden, entre otros, nuestros deseos rechazados. Intentan así dar un sentido a situaciones que parecen desprovistas del mismo, a través de un simbolismo que permite una nueva lectura de la experiencia y las vivencias del paciente.

Otros profesionales se interesan por la fenomenología de los sueños y no dudan en despertar a los sujetos durante el sueño paradójico para poder recoger el relato de sus sueños lo más cerca posible de la fuente; analizan el lenguaje que subyace en el relato, intentan ver cómo se relaciona con los residuos diurnos y los recuerdos recientes, cómo se han integrado y reinterpretado los sucesos o los ruidos de la noche. Por ejemplo, la sirena de una ambulancia, percibida a medias durante un despertar incompleto, se integrará en una escena de guerra o inducirá una aventura en la que el sujeto resultará herido, etc.

Fuera del sueño paradójico, también se pueden encontrar actividades mentales, menos elaboradas, menos ricas en emoción, en movimiento y en percepciones visuales, cuyo recuerdo el sujeto puede describir pero que no relacionará necesariamente con un sueño.

Ciertos fenómenos, los ensueños, pueden presentarse, durante la vigilia, en un sujeto que parece ausente, mientras que otros se producen durante el adormecimiento y reciben el nombre de ensueños, alucinaciones o sueños hipnagógicos,[1] según el contexto. Los pacientes afectos de narcolepsia,[2] por su parte, son candidatos a este tipo de manifestaciones, que a menudo tienen un carácter inquietante; en su caso, se habla con mayor frecuencia de alucinaciones que de sueños, ante la ausencia de crítica de las percepciones sin objeto.

Finalmente, en el sueño se describe también la existencia de «sueños lúcidos», cuyo contenido podría dirigir el sujeto, consciente de que está soñando.

Pero, a fin de cuentas, ¿es bueno soñar?

SOÑAR POR LA NOCHE, ¿HAY ALGO MÁS NORMAL?

Digámoslo de entrada: es normal soñar por la noche cuando se duerme, tanto si el sueño se recuerda como si no. Los sueños pueden pasar totalmente desapercibidos para el durmiente que piensa que no ha soñado, pueden dejar la percepción de haber soñado, pero no dejar rastro del contenido del sueño, que escapa al durmiente en cuanto se despierta, o pueden recordarse y contarse. ¿Qué queda del propio sueño en lo que nos llega a la memoria al despertarnos y en lo que contamos pasado un tiempo? A decir ver-

---

1. Este término de raíz griega significa «que conduce al sueño».
2. Enfermedad que se verá en el capítulo 8.

dad, parece posible que las «traducciones» pasen por el filtro de la moral y las conveniencias, traicionando poco o mucho el argumento original del sueño y mostrando sólo una nueva versión edulcorada o incomprensible.

No obstante, podemos tranquilizar a los que se inquietan por soñar mucho, incluso por soñar demasiado, y que atribuyen su fatiga al exceso de actividad mental nocturna. Por otra parte, a menudo los que se quejan de no dormir son los mismos que se quejan de soñar demasiado. Podemos tranquilizarlos porque, si sueñan, es que... ¡duermen!

En cambio, los que se quejan de no soñar deberían comprender que en realidad lo que ocurre es que no recuerdan haber soñado, y todavía menos lo que han soñado. De hecho, la persistencia del recuerdo de un sueño depende del momento del despertar con respecto al sueño. Por ejemplo, si el despertar se produce durante un sueño o justo después, deja un rastro mnésico más o menos duradero de su contenido, pero si el despertar tiene lugar a distancia del sueño, el recuerdo del mismo no se imprime en la memoria, lo cual no significa en absoluto que no se sueñe. Puede suceder también que el recuerdo esté presente justo al despertar, pero se escape tan pronto como el sujeto intenta recordarlo para contarlo, lo cual deja una sensación molesta de amnesia y frustración en la persona que sabe que acaba de soñar.

Examinemos como profanos los recuerdos de los sueños tal y como nos llegan. Todo parece deshilvanado, sin pies ni cabeza, fantástico y embrollado. Uno se sorprende de ser capaz de generar semejantes producciones mentales. Sin embargo, justamente los sueños que no comprendemos son los que no nos despiertan. En cambio, si el contenido nos llega de manera demasiado directa, demasiado cruda, no estamos protegidos de las zonas de sombra de una realidad psíquica potencialmente difícil de afrontar y de las que la noche guarda generalmente el secreto. ¡Entonces, hay peligro! Sólo tenemos un medio de escapar a lo insoportable: despertarnos.

Según esta hipótesis, un sueño que dejara un recuerdo duradero abriría una brecha en el universo del inconsciente. Un sueño que despertara sería el resultado de un fracaso en el «trabajo del sueño». Según Freud, que hablaba de los sueños como de los «guardianes del sueño», este trabajo consiste en crear artificios para poner en escena y disfrazar los deseos, de manera que se vuelvan más aceptables por la conciencia. Para Platón, los sueños eran un medio de satisfacer simbólicamente los deseos imposibles.

Los sueños contribuirían, pues, en cierta manera, a hacer la vida más fácil. ¿Hay que llegar a la conclusión extrema, como algunos piensan, de que los sueños tienen una función antidepresiva? Tengo mis dudas. Entonces, ¿por qué los antidepresivos son eficaces contra la depresión si disminuyen el sueño paradójico, que es el que alberga los sueños? Todavía existen muchas paradojas sobre este tema.

¿LAS PESADILLAS SON MALOS SUEÑOS?

Las pesadillas, definidas como sueños desagradables cuyo elemento dominante es la angustia y considerados por los psicoanalistas como el reflejo de conflictos rechazados, dejan al durmiente sumido en el terror.

Uno de mis pacientes, el señor H., tenía pesadillas espantosas que se repetían casi cada noche. En consecuencia, acabó por tener miedo de acostarse, miedo de volver a encontrarse con sus viejos demonios y, finalmente, miedo de tener miedo. Estas pesadillas le estropeaban las noches cuando, por otra parte, solía dormir bien. Acudió para intentar resolver este inquietante problema con respecto al origen de pensamientos tan horribles, pero tuvo que admitir que había que intentar comprender el problema que pone de manifiesto la pesadilla en lugar de hacer desaparecer el síntoma con medicamentos.

LOS SUEÑOS TRAUMÁTICOS

En este caso, el durmiente revive una y otra vez en sueños un acontecimiento traumático de su vida como una experiencia dolorosa. Los supervivientes de pogromos, genocidios o cualquier otra agresión de esta intensidad están especialmente expuestos a este tipo de sueños. Es sorprendente constatar que los detenidos tienen, en cambio, sueños agradables durante el tiempo de su detención, y los sueños traumáticos vienen después, ¡una vez pasado el peligro vital!

Los sueños traumáticos, los sueños molestos o las pesadillas recurrentes pertenecen al ámbito de la psiquiatría o del psicoanálisis, más que al de la medicina del sueño. Sin embargo, sabemos que ciertos medicamentos utilizados en esta disciplina, como los antidepresivos, inhiben el sueño paradójico y pueden atenuar las pesadillas o los sueños desagradables. Hay que ver si es interesante o no acallar estas manifestaciones, que pueden servir de base para un enfoque psicoanalítico.

Capítulo 5

El despertar

Si bien uno mismo no percibe claramente el instante en que se duerme, capta muy bien el momento en que se despierta. Sabemos que hemos dormido porque el despertar marca el final de un periodo de sueño. Esta evidencia no es tal para los que están convencidos de no haber dormido nada o para los que pierden a la vez la percepción del sueño y del despertar. Cuando el primer despertar marca también el final de la noche, es que el sueño ha sido continuo. Dormir de un tirón hasta la mañana es el sueño de la mayoría de los que duermen mal.

Generalmente, se pide a los pacientes que llegan a la consulta por trastornos del sueño que vayan anotando la hora en que se acuestan, se duermen y se despiertan. En los que duermen mal, se observa siempre una incertidumbre en la hora que anotan como el inicio del sueño; el paso de la vigilia al sueño se percibe todavía peor que en los demás y el periodo de adormecimiento a menudo se sobrestima.

Además, según el momento en que se produce el despertar, sus explicaciones difieren.

El despertar al principio de la noche

Algunos roncan tan fuerte en cuanto se duermen que el ruido les despierta cuando todavía están en el sueño ligero. Si cambian de posición, pueden dormirse enseguida de forma más estable y permitir que quien comparte su cama se duerma también, después de la detención de los decibelios intempestivos.

Otros presentan sobresaltos o sacudidas musculares bruscas, llamadas mioclonias nocturnas, susceptibles de provocar el despertar si son violentas. Estas sacudidas pueden incluso acompañarse de una sensación de caer en el vacío. El despertar es entonces muy desagradable y se necesita algo de tiempo para que el durmiente se dé cuenta de que simplemente está tendido en la cama. Estas manifestaciones, por molestas que puedan ser, no son patológicas, ya que no retrasan demasiado la aparición del sueño.

EL DESPERTAR EN MEDIO DE LA NOCHE

Los padres conocen el despertar de los niños, acompañado de los llantos y los terrores nocturnos de nuestras queridas cabecitas rubias o castañas que creíamos tan tranquilas. ¿A qué se debe? Podríamos atribuirlo a malos sueños o pesadillas, pero no es así, puesto que estos accesos se producen durante el sueño lento y profundo. Entre el sueño profundo bruscamente interrumpido y el despertar incompleto, se puede imaginar un estado de transición favorable a la emergencia de angustias, contenidas en la vigilia y, por lo tanto, desconocidas.

En el adulto, el equivalente sería el despertar angustiado, a menudo acompañado de una sensación de ahogo, de palpitaciones y a veces incluso de muerte inminente. Se necesita tiempo, al salir de esta experiencia, para recuperar la calma que permita volver a conciliar el sueño.

También existe el despertar confusional que, como su nombre indica, se acompaña de una pérdida de referencias; el sujeto se siente perplejo, no sabe dónde está, qué día es y lo que está haciendo allí. Hace cualquier cosa de forma automática. Este tipo de despertar puede producirse al salir de forma brusca de una fase de sueño profundo. Afortunadamente, esta desorientación es efímera y carece de gravedad.

El despertar incompleto con sonambulismo se le parece, puesto que se produce también durante el sueño lento y profundo. Se caracteriza por una deambulación y la realización de actividades automáticas no intencionales y desprovistas de sentido.

Existe también un despertar provocado por dolores intensos, a menudo crónicos, que hacen sufrir por partida doble a los enfermos. Hay que aliviar el dolor de estos pacientes en lugar de atiborrarlos de somníferos que, en este caso, no son más que coadyuvantes en el tratamiento antiálgico.

El despertar también puede ser la consecuencia de un calambre que hace saltar al durmiente de la cama o de una necesidad de beber o de orinar que le obliga a levantarse. En este último caso, se piensa en primer lugar, en los hombres, en un trastorno prostático, pero no siempre es la causa. Las apneas del sueño pueden producir, por un mecanismo diferente, los mismos signos. Además, están los que se despiertan porque hace demasiado calor o demasiado frío en la habitación o porque han oído algún ruido.

La necesidad compulsiva de comer puede acompañar al despertar nocturno. No se trata de que el hambre despierte al paciente, sino de que la situación favorece este comportamiento. En este momento, se engulle todo lo comible que se encuentra, como si fuera necesario llenar a toda costa un vacío para conseguir dormirse de nuevo. Este comportamiento traduce un trastorno psicológico que merece ser estudiado (la sensación de pérdida o de vacío es un signo eventual de depresión).

Más molesto resulta el despertar tranquilo, sin causa, simplemente como si se hubiera terminado la noche. ¡Pero sólo son las 3 de la madrugada! Y entonces surge la duda: ¿podré volver a dormirme?, ¿cuánto tiempo tardaré?, ¿qué puedo hacer para no volver a dormirme justo antes de que suene el despertador? Veremos en el capítulo del tratamiento que nunca es bueno quedarse en la cama cuando el sueño no llega (o no vuelve), pero hay que señalar sobre todo que estas discontinuidades del sueño son banales cuando son breves y poco numerosas. En cambio, si se multiplican y se prolongan, indican un insomnio. Cuando el despertar en mitad de la noche se transforma en despertar definitivo, el tiempo de sueño se acorta y puede resultar insuficiente. Aunque el despertar sea tranquilo, no es agradable tener los ojos abiertos en plena noche, cuando todo el mundo duerme a nuestro alrededor, cuando nos sentimos solos y no podemos despertar a los demás. Así pues, con raras excepciones, el despertar nocturno se vive mal. Cuando esta falta de sueño se vuelve crónica y altera el bienestar diurno, no hay que resignarse, porque si no se hace nada, los trastornos empeorarán.

Finalmente, algunas personas se despiertan en medio de un sueño, que puede ser agradable o desagradable, después vuelven a dormirse y continúan con el mismo sueño. El despertar durante una pesadilla, que marca el final de una experiencia desagradable, suele ser, por una vez, muy bien recibido.

EL DESPERTAR DE LA MAÑANA

¿Hay que hablar del despertar que sigue a un buen sueño? El que se produce espontáneamente en el momento adecuado permite levantarse con buen pie, a buena hora, de buen humor, fresco como una rosa, etc., y no faltan las expresiones populares para designarlo. En cualquier caso, no es el tipo de despertar del que hablan los que acuden a la consulta del sueño. Sin embargo, merece que nos interesemos por él.

Un despertador que suena a las 5 de la mañana los días de trabajo cuando uno está programado para dormir hasta las 7 reserva un comienzo difícil cinco días a la semana. Es mucho menos divertido que levantarse temprano para coger un avión que nos conducirá hacia unas buenas vacaciones. Afortunadamente, es posible levantarse tarde el fin de semana para recuperar el sueño.

Es evidente que la fatiga al levantarse es un mal augurio para el resto de la jornada. Puede corresponder al despertar difícil del que se ha pasado la noche despertándose para respirar, al cansancio que asalta al depresivo por la mañana, a la necesidad de dormir siempre insatisfecha del hipersomne (en este caso, se trata de una somnolencia más que de una verdadera fatiga). Esta fatiga, a menudo acompañada de dolor de cabeza, tiene tendencia a persistir de forma molesta a lo largo del día. Es imperativo identificar la causa e iniciar un tratamiento adecuado.

También existe la parálisis del despertar. La primera vez, produce mucha angustia; ¡uno se cree paralizado para siempre! En realidad, es como si la mente se hubiera despertado pero el cuerpo siguiera durmiendo. No tiene nada que ver con la sensación de entumecimiento difuso que sigue a un despertar todavía incompleto en un sujeto que sólo quiere volver a dormir, sino que se trata de una parálisis, de una falta de respuesta a las órdenes voluntarias de movimiento. Se quiere hacer el movimiento pero los músculos no responden. No obstante, todo se mueve de nuevo, ya sea espontáneamente, ya sea como consecuencia de un estímulo que despierta completamente al sujeto y pone fin a este estado de «despertar disociado». Este estado, más frecuente de lo que se cree, es característico de la narcolepsia, pero también puede presentarse de forma aislada en el sujeto normal. ¿Ha pasado usted por esta experiencia? Esta parálisis respeta siempre el corazón y la respiración y, por molesta que resulte, carece de gravedad.

Un incidente fastidioso que se cuenta a menudo es el famoso «me he dormido», que puede tener varias causas:

- Debería levantarme, pero no he dormido lo suficiente y me he quedado dormido justo después de haber parado el despertador.
- Soy víctima de un trastorno de la vigilancia y la vigilia no llega a establecerse.
- He dormido mucho, pero de forma fragmentada y no reparadora.
- He tomado un somnífero en mitad de la noche y sus efectos no han desaparecido todavía a la hora de despertar.
- He bebido demasiado y la «resaca» se hace sentir.
- Estoy sometido a un desfase de los horarios de sueño, en otras palabras, un «retraso de fase».[1] Cuando llega la hora de levantarse para todo el mundo, yo me encuentro solamente en mitad de la noche.
- Simplemente, me he olvidado de poner el despertador porque, en el fondo, no tengo ganas de enfrentarme a una jornada que, lo sé de antemano, será desagradable.

1. Véase el capítulo 8.

¡COMO DORMIMOS, ASÍ NOS DESPERTAMOS!

La calidad del sueño condiciona la forma de despertar. «¿Cómo se siente por la mañana?» es, pues, una de las preguntas que siempre se hace en las consultas y que figura en los cuestionarios de algunos centros del sueño para saber, como primera aproximación, qué tipo de trastorno padece el enfermo y hacia qué especialista orientarlo.

Capítulo 6

Los motivos de consulta: quejas, síntomas y pretextos

Una consulta es un cara a cara. Por una parte, está el médico que escucha las quejas que surgen y, por otra, el paciente que intenta analizar y expresar con palabras sus síntomas y su malestar. Cuando se establece una relación de confianza, nace la esperanza y anima al que sufre a encontrar las palabras para explicar lo que le pasa.

UN CONJUNTO DE ACTITUDES PARA TRADUCIR LOS PROBLEMAS DE LA NOCHE

A la manera de Edmond Rostand en *Cyrano de Bergerac*, podríamos definir diferentes tipos de malos durmientes, según la manera que tiene cada uno de expresar su problema:

Tímido: apenas se atreve a levantar los ojos y se limita a decir: «Se trata de mi sueño». No tiene la costumbre de quejarse y quizás a nadie a quien confiarse. De repente, afloran las lágrimas y, con ellas, una enorme necesidad de hablar.

Enfático: lanza sin dudarlo: «Ya no duermo, es espantoso, no puedo continuar así, no se puede vivir de esta manera». En realidad, el trastorno es antiguo y la urgencia, muy relativa. Un acontecimiento, importante o no, que a menudo pasa desapercibido, ha desempeñado el papel de la gota de agua que desborda el vaso.

Autoritario: esgrime la impresionante lista de medicamentos que toma cada día y exige un buen sueño, con la coletilla de enseguida y sin medicamentos.

El médico se desconcierta; por más especialista del sueño que sea, no dispone de ninguna varita mágica. El profesional que pretenda poder responder demasiado fácilmente a una petición tan poco razonable no es un médico serio. En la lista de especialistas ya consultados por este tipo de enfermos, se encuentran sorprendentes «durmiólogos y terapeutas de todo tipo», hacedores de milagros de dudosa seriedad. Detrás de sus atractivos títulos, a menudo esconden prácticas basadas en hipotéticas teorías, que se aprovechan del efecto de la moda. El sujeto angustiado está dispuesto a pagar las sumas más exageradas a cambio de una sombra de esperanza, sin preocuparse por la fiabilidad del método. Es cierto que cualquier técnica muy experimentada puede tener su parte de eficacia. Si el resultado es positivo, el paciente sale confortado, satisfecho y dispuesto a dar la dirección a sus mejores amigos. En caso contrario, sólo tiene que continuar con su trayectoria antes de volver a una medicina más clásica.

Inquieto: todavía no se ha sentado y ya ha lanzado en bloque lo que piensa que es el relato de su vida, sin dar pie a preguntar. Incluso a veces se olvida de hablar del sueño, que es el pretexto de la consulta. Después, sólo hay un largo silencio. La tarea será difícil para este paciente, que cree haberlo dicho todo y espera del personal sanitario «la» solución, difícil de encontrar para el médico, que no dispone de información alguna que le permita avanzar en su estudio terapéutico.

SIGNOS NOCTURNOS TAN VARIADOS
COMO INESPERADOS

Veamos algunos ejemplos de los motivos de consulta, entre los más frecuentes:

UN SUEÑO AL QUE LE GUSTA BURLARSE
DE QUIEN CREE QUE LO TIENE

El señor M. se acuesta en cuanto siente que tiene sueño. Pero cuando se mete en la cama se siente totalmente despierto y entonces le resulta imposible dormir; involuntariamente, se pone a pensar, a recordar la jornada, a organizar la del día siguiente, a desmenuzar sus preocupaciones. Conforme pasa el tiempo, la inquietud va aumentando, porque se acerca la hora de levantarse. Entonces, claudica y termina tomándose un somnífero.

El señor M. ha desarrollado un condicionamiento negativo frente al sueño; la ansiedad le impide conciliarlo, cuando de otra manera podría dormir bien.

Y el señor M. nos cuenta que cada vez le cuesta más decidir irse a la cama y se acuesta cada día más tarde, que se entrega a un entrenamiento deportivo intensivo por la noche con la esperanza de estar lo bastante cansado para poder dormir por fin. Es un joven ejecutivo dinámico, siempre entregado a la acción, acostumbrado a la eficacia. El señor M. aplica métodos que serían excelentes en otros campos, pero resultan ineficaces para dormir. Se necesitará tiempo para explicarle que el sueño es frágil y se asusta con sus esfuerzos inútiles para conducirlo a cambiar de actitud y modificar su comportamiento.

SENSACIONES DESAGRADABLES EN LAS PIERNAS

Aparecen en el momento en que a uno le gustaría descansar y suscitan una «impaciencia» y una irritación muy mal recibida.

Cuando la señora S. mira la tele por la noche, siente una molestia extraña en las piernas, hasta tal punto que tiene que levantarse, moverse y frotárselas. En verano, incluso tiene que mojárselas con agua fría. En la cama, le ocurre lo mismo; tiene mucho calor en las piernas y los pies, y se ve obligada a destaparse. Esto le impide dormir a pesar de que tiene sueño. Por la mañana, está cansada.

No comprende lo que provoca estas manifestaciones poco espectaculares pero mal percibidas por el entorno. Es lo que llamamos el síndrome de las piernas inquietas.

UNA CAMA DESHECHA Y UN CÓNYUGE FASTIDIADO

Más de un durmiente cree que duerme el sueño de los justos y sería feliz si no lo consideraran un «mal compañero de cama».

El señor S., que ha acompañado a su esposa a la consulta, dice que, por la noche, la señora S. se mueve sin parar. Sus piernas, y a veces sus brazos, parten en todas direcciones, animados por movimientos bruscos, evidentemente involuntarios. Él no puede dormir tranquilo y a veces se ve obligado a cambiar de cama en plena noche para escapar de los golpes que le sorprenden en pleno sueño.

La señora S., por su parte, ignora su agitación nocturna y se sorprende cuando, al despertarse, se encuentra sola; se preocupa más por su pareja que por ella misma.

La señora S. presenta posiblemente un síndrome de las piernas inquietas asociado a movimientos periódicos del sueño.[1] Estos trastornos pueden objetivarse mediante un registro del sueño y después tratarse.

SED Y NECESIDAD DE ORINAR POR LA NOCHE

Estos signos podrían parecer banales, pero su aparición demasiado frecuente e inexplicable debe llamar la atención; si vienen acompañados de dolor de cabeza y fatiga matinal, probablemente la causa es una apnea del sueño.

TESTIMONIOS QUE SE CONSIDERAN EXAGERADOS

Dado que es difícil considerarse responsable de todo tipo de molestias para la persona con la que se comparte la cama, rápidamente se piensa que se trata de una exageración, e incluso de una especie de malevolencia por parte del que se queja. Pero, al contrario, estos testimonios son esenciales.

Pretende que...

1. Véase el capítulo 7.

Ronco. ¡Como un campanero, incluso añade!

Roncar es un fenómeno frecuente que impide dormir al compañero de cama y le induce a quejarse. Afecta más a los hombres que a las mujeres en la juventud, pero se restablece la paridad hombres-mujeres después de la cincuentena, una equidad que sin embargo las mujeres no reivindican.

Ronco y, además, dejo de respirar

Un ronquido que se detiene de repente, al mismo tiempo que la respiración, seguido de un silencio brusco angustia a la persona que es testigo impotente del hecho. ¿Se debe despertar al que ha dejado de respirar y quizá corre el riesgo de morir? Nada de eso. Todo volverá a la normalidad con mucha rapidez y los ruidos violentos marcarán el final del episodio. Si han asustado al compañero, ponen fin a su angustia, porque las funciones vitales se restablecen y la vida continúa.

Doy patadas cuando duermo,
¡yo, que no le deseo ningún mal a nadie!

El estado de la cama a la mañana siguiente corrobora lo que dice el compañero. Por lo tanto, hay que admitir que no se lo inventa.

Me duermo durante el día.
Es cierto que a veces pierdo el hilo de la conversación

Este tipo de somnolencia impide ser activo y eficaz; es motivo de accidentes y riesgos diversos.

Hablo dormido, incluso a veces grito; afortunadamente,
lo que digo no se entiende bien; ¿qué secreto voy a traicionar?

Este trastorno recibe el nombre de somniloquia; es más molesto que grave.

Me rechinan los dientes; incluso se me empiezan a gastar;
me veo obligado a aceptar la idea de que algo hay de cierto
en lo que dicen

Científicamente, se habla de bruxismo. Es urgente hacer lo necesario para proteger la dentadura.

Me levanto y ando como un fantasma por la noche.
Incluso han tenido que bloquear la ventana
de la habitación para evitar que salte

Todo el mundo habrá reconocido el sonambulismo.
Estos testimonios son poco agradables pero muy útiles, puesto que sirven de señal de alarma.

DESPERTAR DEMASIADO PRECOZ

¡Son las 4 de la madrugada! No es el reloj el que se ha estropeado sino el sueño. Soñar con dormir poco para disponer de más
tiempo es una cosa, pero verse en la imposibilidad de dormir cuando es necesario otra muy distinta. Yo nunca he visto a nadie que se
alegre de ello, como muestra el testimonio de L. Esta chica se duerme sin dificultad, pero los problemas aparecen enseguida; se despierta en plena noche y ya no puede dormir más. A veces, la noche
termina para ella después de tres horas de sueño.[2] Está en pie al al-
ba y no comprende por qué no consigue permanecer dormida

2. Trastorno del mantenimiento del sueño.

como los demás hasta la hora deseada. Se siente cansada y terriblemente insatisfecha. Los somníferos no la ayudan de manera decisiva. Así pues, hay que ayudarla.

UN SUEÑO ENTRECORTADO Y UNA NECESIDAD IMPERIOSA DE COMER A CADA DESPERTAR

Una necesidad de comer cuando no se tiene hambre, pero una necesidad tan fuerte que no se puede resistir; es un trastorno que pone de manifiesto un problema psicológico.

La señora A. acostumbra a despertarse varias veces por la noche. Desde hace poco, experimenta además la necesidad irresistible de comer cada vez;[3] incluso le resulta imposible volver a dormirse si no lo hace. Se avergüenza porque aumenta de peso a pesar de las privaciones a las que se somete durante el día. Y no comprende lo que la impulsa a comportarse así.

En realidad, no es ni el hambre ni el placer lo que impulsa a la señora A. a comer por la noche, sino una imposibilidad de actuar de forma diferente. Para ella, es la única manera de recuperar la calma de forma pasajera y conseguir volver a dormirse.

UN SUEÑO LARGO PERO NO REPARADOR

Este sueño deja al durmiente sorprendido, porque no sabe que la calidad del sueño desempeña un papel tan importante como la cantidad. Por ejemplo, el señor L. se duerme rápidamente y no se queja de nada durante el sueño. Sin embargo, al despertar se siente agotado, como si no hubiera dormido.[4] Le cuesta mucho ponerse en marcha y sólo consigue arrancar después de la ducha y el café.

Sus allegados le han aconsejado que vaya a la consulta, porque han constatado que se duerme demasiado fácilmente, en el cine, leyendo el periódico y, lo que es peor, conduciendo.

3. Trastorno del mantenimiento del sueño asociado a un trastorno del comportamiento alimentario.

4. Sueño no reparador; debe buscarse una causa orgánica y, en primer lugar, un síndrome de la apnea del sueño.

DECIR LO QUE NO FUNCIONA DURANTE EL DÍA...

A decir verdad, las noches preparan los días y las 24 horas se encadenan sin discontinuidad. La calidad de vida durante el día puede verse afectada por un mal sueño; los signos diurnos son a veces reveladores de un sueño alterado y especialmente de un sueño no reparador.

LA FATIGA

Es el enemigo número 1 del mal durmiente y la queja más frecuente en las consultas del sueño. Con demasiada frecuencia se imputa a dormir mal,[5] pero también puede deberse a un trastorno profundo, al igual que el insomnio, y no ser solamente su consecuencia.

El señor W. siente una fatiga tenaz en cuanto se levanta, que le dificulta realizar cualquier tarea y le quita las ganas de cualquier cosa. Sus jornadas, que transcurren en espera de la hora de acostarse, son largas y desagradables. A veces, mejora un poco al final del día; en efecto, recupera algo de energía y aprovecha para llevar a cabo lo que no había tenido el valor de hacer hasta el momento. Está convencido de que dormir mal es la causa de su malestar. ¡Jornadas grises y noches blancas se suceden en un círculo vicioso! Pero el problema no tiene necesariamente relación con la falta de sueño, que, también en este caso, sirve más bien de pretexto.

EL SUEÑO INTEMPESTIVO

Puede ser peligroso dejarse sorprender por el sueño.

También puede ser molesto, incómodo, perjudicial, etc., dormirse en cualquier lugar o en cualquier momento. Algunos ejemplos lo ilustran.

---

5. Debe buscarse una tendencia depresiva ante una fatiga sin causa.

La historia de dormir de pie y caerse de alegría

La señora G. se duerme en cualquier sitio y en cualquier momento, a pesar de todos sus esfuerzos por mantenerse despierta. Le resulta imposible luchar, el sueño la derriba. Teme las reuniones de trabajo, sobre todo al principio de la tarde, y no se atreve a conducir. Cosa curiosa, se cayó al suelo cuando se enteró de que su hija había aprobado el examen de selectividad; no sabía que fuera tan emotiva. Al día siguiente, cuando bromeaban en la mesa sobre el incidente, se le cayó el vaso de las manos y lo tiró todo. Estos trastornos insólitos la dejan perpleja y le hacen la vida imposible.

La señora G. se acuerda de su abuela, que también se dormía en cualquier lugar y a la que llamaban la marmota. ¡Cuánto se le parece! Por la noche, se despierta a menudo; de día se duerme, ¡es el mundo al revés! Al menos tiene un pequeño consuelo, le basta con un sueñecito muy corto para recuperarse, por un tiempo.

Como no creía que su mal tuviera cura, nunca consultó. ¡Cuál no fue su sorpresa cuando le hablaron de un examen del sueño y de las pruebas de vigilia! Su problema se tuvo en cuenta; se sospechó una narcolepsia. Al fin, surgió la esperanza.

Una vida pasada durmiendo

El joven J. P., de 16 años siempre tiene sueño; nunca tiene la sensación de haber dormido lo suficiente y dormiría sin parar si no le despertaran. Le cuesta horrores salir del sueño y de la cama.

J. P. es desgraciado porque le acusan de dormir mucho y de ser un «blandengue». En clase se duerme y no avanza, ya ha repetido dos cursos. Intenta hacer esfuerzos y a veces consigue mantenerse despierto cuando pasa algo muy interesante. ¡Incluso puede sacar buenas notas, porque es más listo de lo que parece! Sus «profes» se preguntan si se droga (buen reflejo, a fin de cuentas) y han hablado con sus padres. Humillación suprema, ellos han dudado de él.

También en este caso renace la esperanza cuando J. P. y sus padres descubren que se trata de una hipersomnia idiopática, enfermedad conocida y accesible al tratamiento.

¿Y si fuera cierto?

F. tiene 15 años, es un muchacho discreto y hasta ahora sin problemas. Le da un poco de vergüenza que sus padres lo lleven al médico, ante el que se calla y deja que hablen ellos. Una reticencia púdica le impide hablar de las cosas extrañas que se supone que hace a veces y de las que no conserva ningún recuerdo. En efecto, desde hace unos meses, F. presenta periodos durante los cuales «hiberna». Los breves momentos en que despierta, se levanta para ir al lavabo y para comer. Entonces, desconcierta a todo el mundo por su grosería y su «glotonería». Peor aún, se exhibe desnudo y se jacta de proezas sexuales que no tienen nada que ver con la realidad. Después, todo vuelve a la normalidad por unos días. No es la primera vez que F. se encuentra en ese estado; siempre tiene miedo de que se repita.

Su médico no sabe qué pensar de estas singulares manifestaciones. Difícilmente se le puede reprochar, porque se trata de un trastorno raro. La hipersomnia recurrente acompañada de un trastorno de la conducta instintiva fue descrita por Kleine y Levin. Es más frecuente en los chicos que en las chicas. Los casos confirmados son poco numerosos. F. se ha podido beneficiar de un tratamiento que atenúa el riesgo de recidiva.

DORMIR FUERA DE HORAS

Cuando el reloj interno se desajusta y el posible momento para el sueño no se corresponde con el de los demás, se produce un desfase del ritmo. Este individuo pasa por ser un excéntrico o un inconformista que va demasiado lejos, un inoportuno, un aguafiestas, un perezoso, etc. ¿Cómo hacer entender a los demás que no lo hace a propósito? Un ejemplo concreto:

UN DESFASE DEL RITMO PUEDE LLEGAR
HASTA LA INVERSIÓN DÍA-NOCHE

V. es una chica que tiene el ritmo vigilia-sueño invertido desde la infancia, como consecuencia de un tratamiento con corticoides prescrito por crisis de asma nocturna. Este tipo de medicamento activa la vigilia. V. se dormía cada vez más tarde, terminó por desfasar progresivamente su sueño hacia la mañana y después hacia las horas del día. Con el tiempo, su reloj interno se detuvo en este ritmo. Más tarde, se pudo modificar el tratamiento del asma. Ahora le gustaría reorganizar su vida adulta de una forma más conforme a los horarios de trabajo que le proponen y encontrarse en fase[6] con su entorno. Pero he aquí que, a pesar de sus esfuerzos, no consigue corregir el desfase ella sola; acostarse más temprano no le sirve de nada, porque no puede dormir antes de que llegue «su hora».

V. le expone claramente al especialista su objetivo y muestra una sólida motivación. Está dispuesta a hacer lo que sea para vivir al mismo ritmo que los demás, una aspiración legítima. Su determinación hace posible la puesta en marcha de una cronoterapia[7] y una fototerapia, que le han permitido recuperar el ritmo. La comprensión del principio del tratamiento y la aceptación de las molestias que genera le han permitido alcanzar su objetivo; después, sólo ha acudido una vez a la consulta, para comunicar el éxito.

Este caso favorable es optimista, pero poco frecuente. Cuando las razones del desfase son de tipo psicológico, como las dificultades de relación entre un adolescente y su familia, los primeros resultados del tratamiento parecen favorables, pero cuesta mantenerlos. En efecto, es difícil aceptar las molestias prolongadas si el resultado esperado no va a la par con la motivación del sujeto, en este caso desfasarse para alejarse de los demás durmiendo fuera de horas. Por lo tanto, es preferible esperar que el sujeto haya madu-

6. Véase el capítulo 6.
7. Véase el capítulo 12 para este enfoque terapéutico no medicamentoso. La administración de melatonina habría podido facilitar el tratamiento, pero actualmente esta sustancia no está a la venta en Francia.

rado y sea capaz de redefinir sus objetivos antes de empezar el tratamiento.

¿Cuántos estudiantes noctámbulos retrasan la hora de acostarse para andar de jarana o para trabajar lo más tarde posible al acercarse los exámenes? También ellos se arriesgan a caer en la trampa y dejar que se establezca un retraso de fase que les sorprenderá cuando entren en la vida activa.

¿Qué hacer cuando se tiene un trabajo con horarios variables?

El señor H., de 43 años, trabaja en la industria con máquinas que funcionan 24 horas al día. Se han establecido tres turnos de trabajo diarios con rotaciones semanales. La rotación en el sentido horario (cada vez 8 horas más tarde) es claramente más fácil de soportar que en el sentido inverso y, sin embargo, el señor H. no se acostumbra. Cuando llega el reposo semanal, incluso después de una semana de trabajo diurno, no consigue seguir el ritmo de su familia. Se encuentra cansado, a menudo le duele la cabeza, ya no soporta el menor ruido y padece dolor de barriga. Dormir no le permite recuperarse como antes. Preferiría trabajar todas las noches en lugar de cambiar sin parar.

El estudio de este caso muestra que ha llegado el momento de que el señor H. haga una visita al médico del trabajo y considere con él unos horarios más estables, puesto que ya no soporta vivir con falta de sueño y en estado de «desincronización interna».

¿Hablar o no hablar de todos los problemas suplementarios?

Cuando se duerme mal durante mucho tiempo, acaba por surgir un conjunto de signos cuya relación con el sueño no siempre es claramente evidente para el insomne. «Luces rojas» que indican un trastorno y que hay que tratar a fin de poder apagarlas:

- Cuando la memoria flaquea.
- Cuando ya no se consigue concentrarse y se empiezan a hacer tonterías.
- Cuando se es menos rápido y menos eficaz.
- Cuando uno se vuelve irritable y no soporta nada.
- Cuando no se consigue digerir y el vientre se altera.
- Cuando disminuye el rendimiento en la esfera sexual.
- Cuando se tiene el segundo accidente de tráfico en poco tiempo.
- Cuando se llega tarde al trabajo por la mañana y esto empieza a ser mal visto.
- Cuando se duda en ver a los amigos por la noche a causa del cansancio y surge el aislamiento, sin que uno se dé cuenta.

Si aparecen estos signos, no hay que dudar en hablar de ellos. Resolviendo el problema del sueño, se puede esperar actuar sobre el conjunto de estos trastornos.

TODO LO QUE EL DURMIENTE SOLITARIO IGNORA Y NO PUEDE DECIR POR FALTA DE TESTIGOS

Los que viven solos a menudo acuden mucho más tarde a la consulta que los demás; en efecto, no tienen a nadie que les diga lo que ocurre por la noche y los anime a buscar tratamiento. Esto se produce frecuentemente en los trastornos respiratorios del sueño; el sujeto se despierta cansado y no sabe por qué. El retraso en el inicio del tratamiento puede tener consecuencias graves para la salud.

Esto muestra una vez más la importancia del testimonio del entorno, aunque no sea agradable oír decir que se ronca y se molesta.

LAS PALABRAS ELEGIDAS PARA DECIRLO

Siempre se utilizan las mismas palabras, que siempre están muy cargadas de emoción y de inquietud, tanto si se trata de un insomnio, como de un exceso de sueño o una enfermedad orgánica del sueño.

Si existe una palabra más utilizada que las demás, ésta es «fatiga». Sin embargo, a los pacientes a menudo les cuesta distinguir entre fatiga y somnolencia. El médico debe ayudarles a encontrar el término adecuado explicando que la fatiga, relacionada con el esfuerzo, se elimina con el reposo, contrariamente a la somnolencia, relacionada con la necesidad de dormir, que se elimina con el sueño.

En los diferentes casos, las palabras traducen una insatisfacción que puede ir hasta el sufrimiento, una pérdida de confianza, una sensación de urgencia y una demanda apremiante de mejoría. La relación causa-efecto entre el trastorno inicial y las consecuencias a menudo está invertida en la mente del mal durmiente, que pierde la objetividad; irritabilidad, fracaso y fatiga se imputan en bloque al problema del sueño. Pero esta fatiga, no relacionada con el esfuerzo, puede reflejar, como los trastornos del sueño, un problema de fondo más global. Paradójicamente, algunos constatan que están menos «cansados» si duermen menos, mientras que, si se escucharan, se pasarían el tiempo en la cama. Por otra parte, la depresión, con su fatiga y sus trastornos del sueño, se tratan con restricción del sueño, como solución alternativa a los antidepresivos.

Así pues, al médico, detrás de unas quejas que se parecen, le cuesta mucho descifrar los síntomas de enfermedades diversas y a veces imbricadas. Atención: no hay que equivocarse de dirección, porque cada tipo de enfermedad posee sus indicaciones terapéuticas específicas.

Capítulo 7

De las palabras a los síntomas: un camino hacia el diagnóstico

¡EL PROBLEMA DEL SUEÑO MERECE, POR SÍ SOLO, UNA CONSULTA!

¿Qué ocurre a menudo en la realidad? Con motivo de una consulta al médico de familia, el paciente piensa de repente en su sueño y recuerda que le faltan somníferos; le pide una receta al médico justo antes de que termine con las otras recetas. Generalmente, el médico le hace la prescripción sin hacer ninguna pregunta.

¡Esta práctica merece una crítica! Es muy cómodo para el paciente que le prolonguen un tratamiento con somníferos, a toda prisa, sin perder el tiempo y sin cuestionamientos. El médico, acostumbrado a una actitud benevolente y a menudo con falta de tiempo para la siguiente consulta, accede a la demanda. Accede tanto más fácilmente cuanto que duda, con el pretexto de la deontología, en decirle a su paciente que vuelva especialmente para su problema de sueño. A largo plazo, esta práctica mantiene un insomnio crónico y genera un riesgo de habituación y dependencia al tratamiento. Los farmacéuticos «comprensivos» son también cómplices de una actitud que, a la larga, va contra el beneficio real del paciente. Hay que decir, sin embargo, que lo hacen cada vez menos, pues están sometidos a controles estrictos. Y la abuela indulgente que cierra los ojos cuando le «piden prestados» algunos de sus comprimidos ¿sabe que su indulgencia la hace culpable?

En efecto, un tratamiento adecuado, prescrito en el momento oportuno para un insomnio reciente, puede transformarse en un mal tratamiento si se administra a largo plazo.

No es menos determinante identificar rápidamente una patología médica del sueño en lugar de dejarla evolucionar. En cuanto a los trastornos de la vigilia, menos frecuentes, son todavía más difíciles de descubrir, puesto que a menudo pasan desapercibidos.

Ni que decir tiene que habría que consultar en cuanto se iniciaran los trastornos para evitar, en la medida de lo posible, el paso de un estado agudo a un estado crónico así como la aparición de complicaciones.

EL ESTUDIO CLÍNICO

Para el estudio clínico, el motivo de consulta tiene el mismo valor que el motivo del asesinato para la investigación policial.

Es la molestia principal, el síntoma predominante. Pero, aunque se exponga claramente, este motivo no siempre conduce directamente al diagnóstico. De ahí la necesidad de un interrogatorio estructurado, que tendrá en cuenta la historia del trastorno, sus circunstancias de aparición, la evolución, el perfil de sueño del individuo, los rasgos de personalidad, el contexto de vida, el estudio de los antecedentes familiares, de los signos asociados y de los factores de riesgo, como el alcohol, el tabaco, la hipertensión arterial, la enfermedad cardiaca…

Una consulta por trastornos del sueño puede conducir a hablar de otro tipo de cosas, a veces sin una relación evidente con el sueño a primera vista, aunque esta relación está presente en la mente del médico y constituye el hilo conductor de la entrevista. Los trastornos expresados se traducen en síntomas, la agrupación de estos síntomas permitirá emitir una hipótesis y después elaborar un programa terapéutico, ya sea de entrada, ya sea después de un registro del sueño.

LAS HERRAMIENTAS DEL DIAGNÓSTICO

Además de la entrevista clínica, el médico dispone de diversas herramientas, algunas de ellas accesibles a todos.

ESCALAS Y CUESTIONARIOS DE SOMNOLENCIA

Están validados, son muy fáciles de rellenar y rápidos de leer para el médico. La escala más utilizada es la de Epworth.[1] Si se rellena con sinceridad, proporciona una información muy fiable sobre la vigilancia. Sin embargo, la subjetividad del sujeto puede ponerla en cuestión, ya que siempre es posible una infravaloración de la somnolencia.

LA AGENDA DEL SUEÑO

Su uso está poco extendido fuera de los servicios especializados; sin embargo, también es accesible a todos. Proporciona información importante sobre las costumbres de vida, el ritmo vigilia-sueño y la forma de manejar el sueño. Permite que quien se molesta en rellenarla tome conciencia de hábitos y comportamientos a los que nunca había prestado atención. Una vez identificados los hábitos y los comportamientos desfavorables para el sueño, así como los prejuicios que subyacen en ellos (por ejemplo: hay que acostarse para descansar), será posible modificar el curso de las cosas poniendo en juego la participación activa del sujeto. Incluso constituirá un eslabón esencial del tratamiento, aunque no tan fácil como tomar un medicamento.

Se tiene en cuenta la hora de apagar la luz al acostarse, la hora en que se concilia el sueño, la del despertar, las zonas horarias que corresponden al tiempo dormido y las del tiempo de vigilia, los accesos de somnolencia y de sueño durante el día, el estado físico al despertar, la calidad del sueño, el bienestar durante el día, los tra-

1. Véase el anexo 1.

tamientos y los acontecimientos que explican un horario inesperado. Esta agenda debe rellenarse cada mañana durante un periodo de al menos quince días, o más si existe un problema de ritmos. Con una simple ojeada a este documento, el médico puede conocer el perfil del sueño de su paciente.

LAS ESCALAS DE ANSIEDAD O DEPRESIÓN

Sólo se utilizan en las consultas del sueño para detectar un problema psicológico discreto que podría pasar desapercibido. En efecto, sería tan perjudicial atribuir a un «bajón» un trastorno del sueño como atribuir al sueño las dificultades relacionadas con un trastorno ansioso o depresivo no identificado.

Estas escalas no se han reproducido en esta obra, puesto que cualquier preparación o aprendizaje las vaciaría de su sentido e invalidaría los resultados.

En los servicios especializados, se utilizan otros medios.

LA ACTIMETRÍA

El examen se realiza por medio de un actímetro, que no es otra cosa que un sensor de movimiento que se lleva durante una o dos semanas en la muñeca, como si fuera un reloj. Ayuda a diferenciar los periodos de calma de los de actividad. Permite incluso al ojo experto identificar prácticamente los periodos de sueño. Se asocia a menudo a una agenda del sueño, y la comparación de las percepciones subjetivas con los datos objetivos a veces reserva sorpresas.

LOS EXÁMENES DEL LABORATORIO DEL SUEÑO

Se trata de los famosos registros del sueño de los que hablan los medios de comunicación, presentándolos como la panacea. El resultado es que los pacientes los esperan llenos de esperanza y no dudan en reclamarlos sin saber si realmente están indicados en su trastorno.

Permiten explorar tanto el sueño como la vigilancia y se realizan de noche o de día, según las necesidades del diagnóstico. Pueden practicarse *in situ*, en un servicio de exploraciones del sueño, o de forma «ambulatoria», es decir, en casa, en las condiciones de vida habituales.

Se proponen dos tipos principales de exámenes del sueño:

La poligrafía respiratoria

Se centra en la detección de los trastornos respiratorios del sueño. Utiliza sensores de respiración nasal y bucal, de movimientos respiratorios en el tórax y el abdomen, de frecuencia cardiaca, de contenido de oxígeno en la sangre durante la noche, de posición del sujeto durante el sueño, de ronquidos y de movimientos corporales; utiliza también otros dispositivos que permiten detectar los acontecimientos que afectan al régimen cardiovascular, como el despertar vegetativo,[2] tan importante para la evaluación del pronóstico.

La polisomnografía

Tiene en cuenta todos los elementos precedentes y añade las variables que permiten valorar el sueño y establecer el hipnograma: electroencefalograma, movimientos oculares, tono muscular medido en el mentón, movimientos de las piernas y, si se requiere, otras variables en función del trastorno, ya que los sistemas de registro modernos permiten colocar tantos sensores como sea necesario. De forma sincrónica, puede grabarse un vídeo del paciente, lo cual permite ver lo que ocurre clínicamente cuando se producen acontecimientos poligráficos inexplicables o dar un significado a signos clínicos de naturaleza indeterminada. Por ejemplo, de esta manera puede diferenciarse una parasomnia de una epilepsia que se manifiesta durante el sueño.[3]

2. Aceleración del pulso y aumento de la presión arterial.
3. Véase el capítulo siguiente.

Los resultados proporcionan un hipnograma y dan cuenta de la organización del sueño, de su fragmentación (periodos de despertar y microdespertar, observados aquí de forma objetiva), del tiempo pasado en los diferentes estadios del sueño, de los movimientos periódicos del sueño... además de los datos de la poligrafía respiratoria, que están incluidos.

LAS PRUEBAS MÚLTIPLES DEL SUEÑO O DE MANTENIMIENTO DE LA VIGILIA

Estos exámenes exploran la vigilancia, por lo tanto se realizan durante el día. Según la costumbre de cada laboratorio, reciben el nombre de PMLS (prueba múltiple de latencias del sueño) o MSLT (*multiple sleep latency test*), que es el equivalente en inglés, o también MWT (*multiple wake latency test*) para la prueba de mantenimiento de la vigilia.[4] Permiten una evaluación objetiva de la vigilancia a través de la determinación del tiempo empleado en dormirse en condiciones favorables de sueño, versión «sueño» para el diagnóstico del exceso de sueño o versión «mantenimiento de la vigilia» para valorar la eficacia del tratamiento y la capacidad para luchar contra el adormecimiento cuando se trata de conducir un automóvil o realizar otras tareas de riesgo. Requieren una jornada completa de examen en el laboratorio del sueño. Se practican cuatro o cinco pruebas con dos horas de intervalo, con prohibición de dormir entre las pruebas. Los resultados pueden ser diversos. En efecto, un sujeto muy somnoliento en la PMLS pero muy motivado puede luchar eficazmente contra el adormecimiento y tener resultados adecuados en el MWT. Puede ocurrir que un estimulante de la vigilancia muestre mejor su eficacia a través de las pruebas de vigilancia que a través de las pruebas de sueño.

4. Las pruebas de latencia de adormecimiento se basan en un postulado: cuanto más somnoliento se está, más susceptible se es de dormirse rápidamente. Para las pruebas de mantenimiento de la vigilia, el principio se enuncia en el propio título de la prueba; no existe relación directa entre la importancia de la somnolencia y la capacidad de luchar contra el adormecimiento a igual somnolencia. Esto varía en función de los individuos y de su motivación.

Se están estudiando alternativas a estas pruebas, que ocupan todo un día y requieren una vigilancia constante por parte de personal especializado. Algunos utilizan determinaciones del tiempo de reacción, sabiendo que este tiempo se prolonga en caso de somnolencia, en su forma clásica o en una forma derivada llamada prueba de Osler, especialmente orientada al estudio específico de la somnolencia.

El médico especialista del sueño es el que indica los diversos exámenes, si los considera útiles, o explica, dado el caso, las razones para no hacerlos. Prescribir estos exámenes con discernimiento hace posible que las personas que realmente los necesitan puedan beneficiarse de ellos sin demora, teniendo en cuenta el número limitado de laboratorios del sueño. La relectura de los datos recogidos durante los registros requiere mucho tiempo. Los programas informáticos de lectura automática propuestos por los fabricantes de las máquinas sirven de ayuda, pero no permiten saltarse la validación mediante la lectura directa de los datos. Haga las cuentas de las pantallas de relectura de EEG por grupos de 20 o 30 segundos para una noche de 8 horas... Cuente y será más indulgente con las demoras en la entrega de resultados.

LOS DEMÁS EXÁMENES

Pueden realizarse radiografías, especialmente una cefalometría en caso de ronquidos. Bajo este extraño nombre, se esconde una simple radiografía del cráneo de perfil con rayos paralelos (o telerradiografía), que permite medir los espacios aéreos de la nariz y la garganta.

También pueden ser útiles diversos exámenes biológicos según el contexto (gases en sangre al despertar, estudio de diabetes, colesterol y triglicéridos, etc.).

Sin olvidar la rinomanometría, para ver si existe una obstrucción nasal, y las pruebas funcionales respiratorias, que forman parte del estudio habitual de los ronquidos o de la apnea del sueño.

LA NECESARIA PLURIDISCIPLINARIEDAD DE LOS EQUIPOS

Puede ser necesario recurrir a diversos especialistas, equipados con sus herramientas de diagnóstico específicas, en el seno de un equipo multidisciplinario o por separado. ¿Cuáles son los expertos implicados con mayor frecuencia?

En primer lugar, los neumólogos y los ORL para los problemas respiratorios del sueño, los psiquiatras o neuropsiquiatras para los trastornos de origen psicológico, especialmente el insomnio. Un médico general que haya recibido formación universitaria específica también encuentra su lugar en este equipo especializado.

Los cardiólogos, los estomatólogos y los especialistas de la región maxilofacial, los endocrinólogos y los nutricionistas a veces también son necesarios.

Como telón de fondo, no hay que olvidar a los fisiólogos de las funciones neurológicas y cardiorrespiratorias, que interpretan los estudios, ni a los radiólogos y otros biólogos.

El carácter pluridisciplinario de los equipos del sueño no indica que se trate, *a priori*, de trastornos graves. En efecto, ya que se puede recurrir a múltiples especialistas para el conjunto de los problemas médicos, ¿por qué no hacer lo mismo con los trastornos del sueño? Los retos para la salud son comparables.

Es fácil darse cuenta de que existe mucha diferencia entre el diagnóstico establecido por un equipo de especialistas y el que un paciente poco experimentado estaría tentado de hacer por sí mismo al leer o escuchar una información de divulgación, que podría conducirle a conclusiones apresuradas. En efecto, no hay nada tan poco objetivo como una persona ansiosa o persuadida de tener un problema grave, como puede ser alguien que duerme mal.

Sólo una visita al médico puede conducir a un tratamiento personalizado y establecido en función del diagnóstico. Más allá de los datos de la ciencia, esta visita proporciona la objetividad de una mirada exterior y una escucha atenta con la discreción que impone el secreto médico, un lugar y un tiempo en el que, por fin, todo puede expresarse. Esta defensa está motivada por la visita de numerosos pacientes muy ilustrados sobre el tema, que, sin embargo, pidieron ayuda porque seguían siendo presa de los mismos tormentos.

Capítulo 8

Las enfermedades más frecuentes: respiración, corazón y movimientos anormales

Dos grandes grupos de trastornos dominan la escena de las enfermedades del sueño: los trastornos respiratorios del sueño, con sus repercusiones sobre el bienestar de la mañana siguiente y su contrapartida cardiovascular, por una parte, y el insomnio propiamente dicho, por otra parte. Otro grupo, formado por las enfermedades de la vigilancia, les sigue de lejos en orden de frecuencia. Por lo tanto, lo abordaremos en el capítulo siguiente. Dedicaremos un último capítulo a otras enfermedades menos extendidas, pero también difíciles de soportar.

Un signo como la somnolencia diurna excesiva puede ser común a todos los grupos; se traduce por una sensación de tener sueño y una tendencia a dormirse de forma intempestiva cuando normalmente, de día, se está despierto. A excepción, evidentemente, del momento de la siesta, en que siempre es posible una disminución de la vigilancia. También puede aparecer como consecuencia de un sueño insuficiente o alterado, o deberse a un problema que afecta inicialmente a la vigilancia. Este signo, si bien es poco específico, siempre es significativo y debe conducir sistemáticamente a realizar exploraciones.

Atenuar la somnolencia bebiendo café, por ejemplo, sin tratar la causa, sería dejar evolucionar el trastorno inicial. Tanto más cuando que pueden estar imbricadas diversas enfermedades, lo cual complica el diagnóstico. De ahí la importancia de consultar a un especialista cuando la somnolencia sobrepasa las proporciones normales o aparece en un sujeto indemne hasta el momento.

Siempre debe pensarse en el sueño insuficiente cuando no se encuentra ninguna enfermedad, especialmente en un adulto joven en buen estado de salud. Es el caso, por ejemplo, de la joven pareja que acaba de tener un hijo, o incluso gemelos, del estudiante noctámbulo o del trabajador con horarios atípicos. Un buen indicio es que el sujeto con una simple deuda de sueño la compensa levantándose tarde o haciendo la siesta cuando le es posible. Y una vez pagada la deuda, recupera una vigilancia normal, garantía de la ausencia de enfermedad subyacente.

A menudo he tenido ocasión de darme cuenta de que el término «vigilancia» era menos familiar de lo que se podría creer. ¿Qué dice el diccionario? La palabra viene del latín *vigilare,* que significa «velar», mantener una atención cuidadosa. El término se adoptó en fisiología en la década de 1960 y se refiere al estado de desvelo o de vigilia. Sus contrarios son la distracción, el aturdimiento y, en lo que a nosotros nos interesa, la somnolencia y el sueño. Cuando se está vigilante en el sentido fisiológico, es decir, bien despierto, se puede estar vigilante en el sentido habitual, es decir, atento. Sin atención no hay concentración ni memorización. Cuando el grado de vigilancia disminuye, se establece la somnolencia, que es el reflejo de la necesidad de dormir y la tendencia al adormecimiento; se habla entonces de un aumento de la propensión al sueño.

Por lo tanto, no es por casualidad que enfermedades de naturaleza tan diferente como la apnea y los movimientos periódicos del sueño formen parte del mismo grupo. A menudo se encuentran asociadas y, en este caso, el tratamiento de los trastornos respiratorios soluciona también el problema de los movimientos. Ambos fragmentan y generan somnolencia diurna. Finalmente, pueden diagnosticarse en una misma polisomnografía, que permite matar dos pájaros de un tiro.

LA APNEA DEL SUEÑO: ¿POR QUÉ Y CÓMO?

Constituye una de las enfermedades que se observan con mayor frecuencia en la consulta. Su mecanismo es fácil de comprender.

Imagine un tubo flexible que se mantiene abierto gracias a pequeños resortes; el tubo representa las vías aéreas superiores y los resortes son los pequeños músculos que contribuyen a mantenerlas abiertas y, por lo tanto, permeables al paso del aire. En posición vertical, el tubo está totalmente abierto. Si se coloca horizontalmente, tiene tendencia a aplastarse un poco a causa del peso de sus paredes flexibles. Sin resortes, se aplastaría todavía un poco más. Las vías aéreas superiores se comportan de la misma manera al pasar de la situación de pie a la situación acostada y de la vigilia al sueño.

Imagine ahora el mismo tubo, con la luz estrechada por depósitos en las paredes (como la grasa que se deposita bajo la piel y las mucosas cuando se aumenta de peso). En este caso, se produce un aumento de la resistencia al paso del aire y, por lo tanto, se necesita un esfuerzo mayor para respirar, sobre todo para inspirar. Mientras la resistencia no sobrepasa las posibilidades de lucha contra el obstáculo, la respiración se mantiene mejor o peor, pero al precio de un esfuerzo mayor. Si la resistencia se vuelve demasiado importante, ya no puede franquearse el obstáculo y el aire no pasa; se produce una parada respiratoria o apnea.

El elemento patológico que impide la respiración es un obstáculo mecánico; por eso se habla en este caso de apnea obstructiva. Mientras dura la apnea, el oxígeno de la sangre no se renueva y el gas carbónico se acumula, situación que no puede durar porque pone en juego la supervivencia del individuo. Ciertos órganos, como el corazón o el cerebro, son especialmente sensibles a la falta de oxígeno. Afortunadamente, el sistema nervioso está provisto de «estructuras centinela» que provocan el despertar antes del drama. Hemos visto que el umbral del despertar llega al máximo durante el sueño paradójico; así pues, durante el mismo, la apnea es más larga y más «mala».

Para salir de la apnea, sólo existe un medio: despertar. Puede tratarse de un despertar franco, de un microdespertar no memorizado o, como mínimo, de un «despertar vegetativo».

El despertar vegetativo se debe a una estimulación del sistema nervioso vegetativo que controla, entre otros, la frecuencia cardiaca y la presión arterial. La consecuencia es una aceleración del ritmo del corazón y una elevación de la «tensión», como se dice

corrientemente en lugar de utilizar el término «presión arterial».
Bajo el efecto de estimulaciones repetidas y banales, como los ruidos familiares (por ejemplo, el paso de un tren si el dormitorio da
a una vía férrea), se acaba por acostumbrarse y no despertarse en
el sentido del comportamiento y del electroencefalograma. Sólo el
sistema nervioso vegetativo, que no conoce el fenómeno de habituación, continuará despertando y, por lo tanto, estará sometido a
sacudidas molestas para el sistema cardiovascular.

Al despertar, el tono muscular se restablece y la respiración recupera su curso, al menos hasta la siguiente apnea, cuando el sujeto se vuelve a dormir, no sin haber provocado una aceleración del
ritmo del corazón y un aumento de la presión arterial. Si existen
factores de riesgo cardiovascular, la apnea del sueño se vuelve peligrosa. Aunque el corazón y los vasos sean normales, el despertar,
que pone fin a la apnea, los «bombardeará» y los hará frágiles de
forma insidiosa. Por otra parte, fragmentan el sueño y pueden generar una disminución significativa del sueño lento y profundo de
la noche. No es, pues, sorprendente, conociendo el papel de la continuidad del sueño y la importancia del sueño profundo, que el sujeto apneico esté cansado y embotado al día siguiente. El primer
signo revelador es la somnolencia al despertar; los apneicos son
personas que siempre tienen sueño: duermen mucho, pero mal.

Antes de disponer de los medios de diagnóstico modernos, sólo se conocía la forma extrema del síndrome de la apnea del sueño,
llamada síndrome de Pickwick, el famoso personaje de Charles
Dickens; en esta enfermedad, se asociaban signos visibles, como
una obesidad importante, un rostro colorado y adormecimientos
incesantes, salpicados por paradas respiratorias. Se trataba de un
cuadro dramático que conducía a la muerte por insuficiencia cardiaca; afortunadamente es excepcional en nuestros días.

En la actualidad, se descubren apneas del sueño con o sin el
perfil sugestivo, que asocia un aumento de peso, un cuello corto y
grueso, un mentón huidizo... La frecuencia de este trastorno es
importante: entre los 30 y los 60 años, afecta al 2 % de las mujeres
y al 4 % de los hombres,[1] una proporción que probablemente

1. Pierre Escourrou, *La Quotidien du médecin,* 14 de enero de 2003.

aumenta a partir de los 60 años, con una relación hombre-mujer menos desigual a partir de la cincuentena. Los niños tampoco se libran y para ellos la causa principal es la hipertrofia de las amígdalas. Actualmente, existen alrededor de dos a tres millones de franceses afectados. Si pensamos en las consecuencias cardiovasculares —angina de pecho, infarto o accidente vascular cerebral—, podremos valorar mejor el reto para la salud que representa este tipo de trastorno. Por otra parte, los cardiólogos buscan una apnea del sueño de forma cada vez más sistemática en sus pacientes, dado el grave impacto que tiene sobre las enfermedades cardiacas.

LOS RONQUIDOS

La asociación de ronquidos y apneas del sueño es frecuente pero no sistemática.

El *ruido del ronquido* se produce debido a turbulencias del aire en las vías aéreas superiores.[2] Podemos comparar la respiración de la persona que duerme sin hacer ruido con un río que transcurre en llano, y la de la persona que ronca, con un torrente tumultuoso de montaña; una es silenciosa y la otra audible.

Antaño era corriente pensar que el abuelo dormía bien cuando roncaba fuerte. La familia estaba contenta por él y también por sí misma. Pero hoy sabemos que hay que desconfiar de los ronquidos que anuncian una apnea del sueño y cuya conmoción sonora irrita las vías aéreas superiores.

Si un sujeto ronca pero se despierta en forma, probablemente se trata de un ronquido simple, sin apneas y, por lo tanto, sin características inquietantes.

Pero el ruido del ronquido puede molestar a otro; a partir de los 45 dB, el sueño del compañero puede verse alterado; más allá de los 60 dB, puede perder su carácter reparador. Roncadores, sed amables con la persona que comparte vuestras noches y tiene que

---

2. Para los duchos en física, se habla de modificaciones del régimen de paso del aire por las vías aéreas; en caso de ronquido, pasa de un modo laminar a un modo no laminar y, por lo tanto, ruidoso.

soportar los decibelios que producís, ¡poned remedio! Un punto positivo a favor del ruido producido por los ronquidos es que, en caso de apnea, la detención del ruido llama la atención del vecino, mientras que las apneas con un fondo de respiración silenciosa pasan desapercibidas durante más tiempo.

Si la persona que ronca tiene dificultades para arrancar por la mañana y da «bandazos» durante el día, hay que temer una asociación de ronquidos y apnea del sueño. En este caso, es necesario realizar un estudio del sueño.

De la misma manera que pueden producirse ronquidos aislados, también existen las apneas sin ronquidos. En los dos casos, se trata de un problema del paso del aire por el tubo, con o sin turbulencias, con o sin aumento de la resistencia u obstáculo al flujo de aire.

Para hacer el diagnóstico del síndrome de la apnea del sueño o SAS, se requieren al menos diez apneas por hora de sueño, constatadas en la poligrafía; pueden ser apneas francas o hipopneas, según el paro respiratorio sea total o parcial, ya que las hipopneas disminuyen el flujo de aire al menos en un 50 %. Unas apneas aisladas carecen de gravedad y no necesitan tratamiento. Más allá de un índice de treinta por hora, o menos si hay factores de riesgo y una repercusión sobre la vigilancia, se impone siempre el tratamiento. Entre diez y treinta, la decisión terapéutica se discute en función de la somnolencia diurna, la existencia de una disminución del oxígeno sanguíneo durante la noche y los factores de riesgo, como una hipertensión arterial.

Al lado de las apneas obstructivas, y por lo tanto mecánicas, existe otro tipo de apneas, no relacionadas con el obstáculo sino debidas a una detención del control respiratorio por los centros nerviosos; se trata de las apneas centrales, llamadas así porque tienen relación con un mal funcionamiento del sistema nervioso central. Este fenómeno es menos frecuente; se puede observar en la transición vigilia-sueño en el sujeto normal, de forma pasajera y sin consecuencias. Se produce en las estancias a altitudes elevadas después de un ascenso rápido y puede impedir el sueño hasta el punto de obligar al escalador a descender; es patológico en la insuficiencia cardiaca grave, que debe ser objeto de un control terapéutico específico.

Puede ser primitivo, en la «enfermedad de Ondina».

¿De qué se trata? Según la leyenda, la ninfa Ondina, para castigar a su marido, un mortal, le quitó la posibilidad de respirar automáticamente. El resultado fue que murió al dormirse, pues no pudo ejercer el control voluntario durante el sueño. Jean Giraudoux recuperó el tema; en su obra, la ninfa Ondina pide la misma muerte para el caballero del que está enamorada si le es infiel.

El paro respiratorio por mal funcionamiento de los centros nerviosos ya se conocía. Actualmente, la enfermedad sólo afecta a una cincuentena de personas en Francia. Hoy recibe el nombre de enfermedad de Ondina o hipoventilación alveolar congénita. Se trata de un mal funcionamiento del sistema nervioso vegetativo relacionado con la mutación de un gen, que se manifiesta por la ausencia de respiración automática.

El mecanismo de las apneas centrales en la insuficiencia cardiaca todavía no se ha elucidado.

El sueño y el sistema cardiovascular

¡Un ronquido sonoro no sólo resulta una molestia social! Detrás de las apneas del sueño, con o sin ronquidos, el cielo nuboso del sujeto somnoliento y privado de oxígeno puede convertirse en amenazador y estallar bruscamente en un cataclismo doloroso. Así pues, las enfermedades que mencionaremos aquí son todas importantes.

La hipertensión arterial y sus complicaciones

Es la causa de numerosas complicaciones graves. La presión arterial experimenta variaciones fisiológicas durante el ciclo vigilia-sueño. Normalmente, disminuye por la noche. En caso contrario, existe una alteración de la regulación susceptible de empeorar la gravedad de una hipertensión arterial permanente. El despertar vegetativo durante el sueño provoca entonces picos tensionales doblemente amplios y, por lo tanto, doblemente graves. Ni que decir tiene que es muy importante el registro de la presión arterial durante 24 horas, o MAPA, en este contexto.

La hipertensión puede ser causa, por sí misma, de complicaciones, como la insuficiencia cardiaca, el accidente vascular cerebral... Si se asocia a una apnea del sueño susceptible de empeorarla, debe tratarse con una atención especial, al mismo tiempo que la apnea. Toda hipertensión grave y rebelde al tratamiento debe inducir a buscar apneas del sueño. Cuando las arterias se vuelven rígidas debido a la hipertensión y cuando disminuye la oxigenación como consecuencia de las apneas, el corazón y el cerebro sufren.

El accidente vascular cerebral

Su gravedad aumenta en caso de ronquidos y más todavía de apneas; su frecuencia alcanza el 70 % en los pacientes hipertensos que presentan un síndrome de la apnea del sueño, es decir, cuatro veces más que en el sujeto normal.

Los trastornos del ritmo cardiaco

Se manifiestan por palpitaciones, extrasístoles en número excesivo o accesos de taquicardia irregular susceptibles de provocar el despertar. Aumentan en riesgo de embolia y, por lo tanto, de accidente vascular cerebral.

Los trastornos de la conducción intracardiaca

Conducen a un defecto de la contracción del músculo cardiaco y, por lo tanto, a una disminución del rendimiento de trabajo del corazón. La insuficiencia cardiaca que resulta puede acompañarse de apneas centrales, lo cual complica la situación. Su frecuencia aumenta en caso de SAS. Es aconsejable realizar también un registro de electrocardiograma durante 24 horas u Holter ECG.

La alteración de las arterias coronarias

Las coronarias irrigan el músculo cardiaco. Su lesión es tanto más frecuente en los apneicos cuanto que son hipertensos, existe predisposición familiar, tabaquismo, diabetes, un sedentarismo demasiado importante, etc. Provoca angina de pecho e infarto de miocardio.

LAS AFECCIONES PREEXISTENTES DEL APARATO CARDIORRESPIRATORIO

La apnea del sueño empeora la situación y tiene un impacto muy negativo sobre la enfermedad en curso y sobre su pronóstico. La intrincación de los trastornos respiratorios permanentes con los de la noche, u *overlap syndrom*, complica el tratamiento. La insuficiencia cardiaca también empeora con la apnea del sueño. A las apneas obstructivas banales del sueño se pueden añadir las apneas centrales.

Este párrafo puede hacer estremecer a más de uno, pero su objetivo no es dar miedo sino informar al lector de los riesgos reales y hacer comprender a los enfermos la importancia de seguir sus tratamientos. Es también un estímulo para que todos nos cuidemos cuando todavía estamos a tiempo. Un poco de deporte y una alimentación sana pueden evitar buena parte de estas situaciones catastróficas.

OTRA CAUSA ORGÁNICA DE FRAGMENTACIÓN DEL SUEÑO: LOS MOVIMIENTOS PERIÓDICOS DEL SUEÑO

Son, por naturaleza, diferentes de las apneas, pero tienen el mismo efecto de fragmentación del sueño cuando provocan el despertar y, por lo tanto, tienen potencialmente las mismas consecuencias sobre el bienestar del día siguiente. Producen considerables molestias para los que duermen en pareja en la misma cama, pero su pronóstico no es tan grave, excepto por el riesgo inherente a la somnolencia secundaria.

Se trata de movimientos de las piernas, más raramente de los brazos, que despiertan un poco, mucho o no despiertan en absoluto.

También se los llama MPP (movimientos periódicos de las piernas) y acompañan con mucha frecuencia a las apneas del sueño. En este caso, el tratamiento de la apnea suele hacer desaparecer también los movimientos, como hemos visto anteriormente. ¡Cuidado con los medicamentos que hacen el sueño más pesado, como las benzodiacepinas (numerosos tranquilizantes y somníferos)! Son eficaces sobre los MPP pero, al elevar el umbral de vigilia, pueden prolongar, y por lo tanto empeorar, eventuales apneas. No deben administrarse mientras no se haya comprobado la ausencia de apneas.

Los MPP aparecen durante el sueño; son breves sacudidas musculares que dan lugar a un movimiento, a veces suficientemente importante para que el compañero de cama reciba golpes y para transformar el lecho en un campo de batalla. La particularidad de los MPP es que se producen por salvas rítmicas, que pueden ir de cuatro a treinta o más en un mismo brote, con o sin despertar. Sólo se toleran mal si fragmentan el sueño. Su mecanismo sigue siendo oscuro; se observan en ciertas circunstancias predisponentes, como la anemia por falta de hierro, la insuficiencia renal, ciertos trastornos neuromusculares... o a veces sin una circunstancia especial. Cuando los MPP aparecen de forma aislada, justifican un tratamiento por sí solos, si tienen consecuencias. Si sólo producen molestias sociales, puede plantearse la solución de las camas separadas. Se trata pues de un problema mucho más fácil de eliminar que los ronquidos.

Durante la vigilia, a veces estos pacientes presentan un síndrome de las piernas inquietas que aparece por la noche en reposo. Más que de dolor, se trata de una molestia que obliga a moverse, levantarse, frotarse las piernas o los pies, mojarse con agua fría... La molestia puede ser lo bastante importante para *retrasar el adormecimiento* y, por ello, acortar el tiempo de sueño. Su presencia debe inducir siempre a buscar MPP asociados, que el sujeto tiene más dificultades para identificar, sobre todo si duerme solo, pues los MPP del sueño no dejan ningún recuerdo.

En resumen, con los trastornos que son potencialmente peligrosos no se juega; los médicos de familia los conocen cada vez mejor y pueden recomendarles a los pacientes centros donde serán explorados y tratados.

Capítulo 9

Las enfermedades más frecuentes: el insomnio y el exceso de sueño

EL INSOMNIO

¿SÍNTOMA O ENFERMEDAD? ÉSTA ES LA CUESTIÓN

Es un debate interminable. En los países occidentales, donde se dispone de datos epidemiológicos, el insomnio afecta aproximadamente a un sujeto de cada diez, lo cual representa, en Francia, unos seis millones de personas, incluidas todas las edades y todas las formas clínicas. Más o menos el 18 % de esta población presenta un insomnio grave con repercusiones diurnas. En cerca de la mitad de los casos graves, se descubre una depresión, puesto que el insomnio es uno de sus signos principales.

Desde el punto de vista sociodemográfico, las estadísticas establecen que el insomnio afecta preferentemente a ciertas categorías frágiles de la población: personas divorciadas, separadas o viudas, tanto más cuanto que su nivel educativo es bajo y sus ingresos, limitados. La falta de ocupación profesional es un factor favorecedor, lo cual hace de las amas de casa, los parados y los jubilados sus presas preferidas.

El tema del insomnio surge con una facilidad sorprendente en las conversaciones; no hay encuentro entre amigos, incluso entre colegas, en que no se aborde en cuanto hay un especialista del sueño en el grupo. Siempre hay alguien que quiere compartir con los demás su historia dolorosa y de paso obtener un consejo amistoso.

De una historia se pasa a otra, interviene el vecino, después el vecino del vecino... y al final resulta que los que duermen bien están en minoría.

Una breve historia, extraída de la literatura humorística del siglo XIX, lo atestigua con talento... claro que se trata de la pluma de Alphonse Allais:[1]

> — ¡Caray! ¡Qué barba más hermosa tiene, señor! [...] ¿Duerme con ella? [...]
> — ¡Pues claro, señorita!
> — ¿No le da miedo estropearla? [...] Dígame, señor, ¿cómo se acuesta con su barba?
> — ¿Que cómo me acuesto con mi barba? [...] No comprendo lo que quiere decir.
> — ¡Sí! [...] ¿La coloca encima de la colcha? ¿O la mete bajo las sábanas? [...]

El pobre muchacho se turbó hasta lo más profundo de su ser. En efecto, nunca se había fijado en dónde metía su barba para dormir. ¿Fuera? ¿Dentro? [...] Llegó a su casa perplejo. Intentó hacer como siempre y no preocuparse de nada. En vano. [...] Primero se acostó boca arriba, dispuso la barba cuidadosamente sobre las sábanas. [...] El sueño no llegó. [...] Fue una de las noches más atroces de finales de siglo. [...] Las noches siguientes fueron también horribles noches sin sueño. [...] Y a la mañana siguiente de una de aquellas noches, nuestro amigo fue a hacerse cortar íntegramente la barba, su hermosa barba, ¡que ya nunca más haría volver la cabeza a los transeúntes!

¿DÓNDE EMPIEZA EL INSOMNIO?

La respuesta a esta pregunta es sencilla: donde se manifiesta una insatisfacción duradera referente al sueño. Extraña definición para un problema médico, ¡totalmente basada en una queja subjetiva! En una época en que la medicina es cada vez más científica y en que todo se mide con instrumentos sofisticados, el diagnóstico

---

1. Alphonse Allis, *La Barbe et autres contes*, Éditions 10-18.

del insomnio se sigue apoyando en datos subjetivos. Hasta el punto de que, en caso extremo, un sujeto puede dormir de forma más o menos adecuada y tener la sensación, de buena fe, de no conciliar el sueño. Se puede decir que es insomne porque no está satisfecho con su sueño. Duerme, pero no se da cuenta de que duerme y, por lo tanto, cree que no duerme. No se trata de un capricho sino de una realidad clínica, la de la mala percepción del sueño. En la práctica, este trastorno suele añadirse a un insomnio preexistente, que se hace todavía más penoso.

LAS QUEJAS DE LOS INSOMNES

Son numerosas y se pueden resumir de la siguiente manera.

Para empezar, se quejan de una dificultad para conciliar el sueño al principio de la noche; se habla de trastornos de la conciliación del sueño.

Después, se quejan de despertar por la noche, con o sin dificultades para volver a dormirse; se habla de trastornos del mantenimiento del sueño.

Sin olvidar un despertar final demasiado precoz y un tiempo de sueño que se acorta.

También puede haber una insatisfacción en cuanto a la calidad del sueño, que pierde su carácter reparador. Así como una sensación de no dormir, o la imposibilidad de dormir sin medicamentos, causa de culpabilidad y desvalorización. La mayoría de insomnes expresan ese deseo, pero no consiguen separarse de sus píldoras. Se han vuelto dependientes de ellas.

¿EXISTEN UNO O VARIOS TIPOS DE INSOMNIO?

Si bien se dispone de una clasificación oficial y compleja del insomnio, la *Clasificación internacional de los trastornos del sueño,*[2] en la práctica es importante retener algunos conceptos sencillos.

2. International Classification of Sleep Disorders, American Sleep Disorders Association (ASDA).

Sobre la base de las referencias temporales, se distingue, por una parte, el insomnio ocasional o pasajero, sin gravedad, que puede tratarse durante un tiempo limitado con somníferos, y, por otra parte, el insomnio crónico, en el que los trastornos se presentan de forma continua durante más de tres semanas y cuyo abordaje terapéutico es más complejo, sea cual sea el mecanismo. En estos casos, no es conveniente utilizar somníferos durante un tiempo prolongado, pues las reglas de prescripción lo contraindican formalmente. La realidad muestra que de los principios a la práctica existe mucha diferencia, como es sabido, a pesar de que todo el mundo está de acuerdo en reconocer los perjuicios de este laxismo a largo plazo.

Sobre la base de los mecanismos responsables del trastorno, se distinguen oficialmente el insomnio primario y el secundario, el insomnio intrínseco y el extrínseco, etc. En los pacientes que tienen un insomnio suficientemente importante para motivar una consulta, es muy raro que este insomnio se haya establecido sin una causa, por discreta que sea, de modo que el concepto de insomnio primario parece difícil de delimitar en la práctica.

No siempre es fácil identificar una causa precisa del insomnio en la primera consulta; en general, se trata de dificultades acumuladas que debilitan progresivamente al individuo. Se habla de proceso multifactorial.

En defensa propia, muchos insomnes se aferran a la hipótesis del «todo va bien, todo va muy bien, tengo todo lo que necesito». La persona que cree tenerlo todo a menudo no quiere ver lo que le falta. Y, suponiendo que lo tenga todo, puede tener, además, una cosita que le molesta, como una astilla minúscula clavada en el talón, que no se ve pero que hace daño cuando se pone el pie en el suelo y que, a fin de cuentas, le impide caminar.

La «cosita» es con respecto al sueño lo mismo que la astilla para la marcha; o bien se intenta encontrarla o bien se intenta atenuar sus consecuencias. Los medicamentos sirven para atenuar los síntomas. Cuando ha pasado la fase aguda, se puede pensar en otra estrategia terapéutica, como la que consistiría en buscar la astilla.

Como anécdota, mucho antes de Alphonse Allais, La Fontaine, que conocía mejor que nadie la naturaleza humana, ya había descrito perfectamente el mecanismo por el cual puede instaurarse el insomnio. En su fábula *El zapatero y el rico*, el zapatero pierde el sueño cuando recibe del financiero la suma de 100 escudos, una fortuna para él y una fuente de preocupaciones. El financiero sabía muy bien lo que hacía actuando de esta manera. Con su fingida generosidad, solamente quería dejar de ver a este hombre tan feliz en su pobreza, mientras que él estaba cargado de preocupaciones a pesar, o a causa, de su riqueza.

La Fontaine ya establecía claramente la relación entre insomnio y humor depresivo, cuyos principales signos describía tan bien como las obras de psiquiatría modernas: «La pérdida del placer de cantar, el sueño que abandona su morada, las preocupaciones, las sospechas y las alarmas vanas». Atribuyendo al zapatero la sabiduría propia de los corazones sencillos, le hace encontrar la solución en la réplica final: «Devuélvame [...] mis canciones y mi sueño, y tome sus 100 escudos».

Tanto si se trata de la barba de Alphonse Allais como de los 100 escudos de La Fontaine, el insomnio tiene una causa evidente. Los somníferos no existían, pero estos dos autores, a través de sus héroes, inventaron lo que los médicos llamarían hoy un «tratamiento etiológico», es decir, un tratamiento que ataca la causa del mal y no sus síntomas.

En cuanto al insomnio primario, está claro que existen tantas más posibilidades de diagnosticarlo cuanto menos tiempo se dedica a escuchar al paciente. Aunque existan durmientes buenos y no tan buenos de entrada, todo el mundo sabe dormir espontáneamente, a menos que una enfermedad rara impida el sueño;[3] así pues, el insomnio no cae del cielo, «se crea».

Cualquier tipo de insomnio ocasiona una alteración de la calidad de vida y focaliza poco a poco la atención de quien lo padece, en detrimento de los demás centros de interés. Siempre ha habido insomnes, e incluso insomnes famosos, como Marcel Proust, que para dormir se tomaba infusiones de valeriana, veronal y después opio; por otra parte, abordó ampliamente el tema del insomnio en *En busca del tiempo perdido*.[4] Al parecer, Shakespeare también pa-

---

3. Por ejemplo, el insomnio fatal familiar, una enfermedad rara por priones.
4. D. Mabin, *Le Sommeil de Marcel Proust*, PUF Écrivains.

decía insomnio, según W. Dement;[5] su himno al sueño perdido en *Macbeth* lo muestra.

En la actualidad, a juzgar por la afluencia de insomnes a las consultas del sueño, se tiene la impresión de que el mal avanza. Y no sólo tropezamos con algunos insomnes famosos, sino que debemos enfrentarnos con grupos de insomnes anónimos. En realidad, ¿es cierto que hay más insomnes? Lo dudo, la diferencia está en que antes no venían a quejarse de ello, porque no sabíamos tratarlos. Y quizás eran ya numerosos. Por otra parte, en nuestros días, hablamos con mayor facilidad de nuestras preocupaciones. Finalmente, somos menos tolerantes al trastorno y confiamos mucho, incluso demasiado, en el poder de los medicamentos y los tratamientos.

Existen los mismos tipos de disfunciones y las mismas debilidades profundas capaces de generar problemas de sueño.

Algunos mecanismos fáciles de identificar

Los trastornos debidos a las malas condiciones de sueño

Se sitúan en el límite de lo que podríamos llamar un insomnio: una mala cama, demasiada luz, una habitación demasiado caliente o demasiado fría, ruido, la promiscuidad de una vivienda precaria o la crudeza de las noches cuando no se tiene ninguna vivienda. Hay que intentar, en la medida de lo posible, conseguir una comodidad suficiente para preservar el sueño. *Como haces la cama, así duermes,* dice el proverbio, pero las condiciones del entorno y de comodidad no lo son todo. El dormitorio más tranquilo y la mejor de las camas no constituyen una garantía absoluta contra el insomnio.

Para ilustrar esta afirmación, me gustaría contar una breve historia de sueño y comodidad, una historia procedente de un país frío del norte.

Un pobre diablo que no tenía dónde pasar la noche dormía fuera, sobre el asfalto. No lejos de allí, en una casa de frontón es-

---

5. W. Dement y C. Vaughan, *Avoir un bon sommeil,* Odile Jacob Sciences.

culpido, vivían personas acostumbradas a dormir bajo hermosos edredones de plumas, protegidas del frío mordaz. No parecía faltar nada en aquel hogar y, sin embargo... Una mañana, el pobre diablo oyó al buen señor quejarse de su sueño con gran amargura. Entonces se preguntó si se dormía tan bien como uno podía imaginar en aquellos lechos de plumas.

En un parque cercano, encontró unas plumas que un pájaro había perdido, en un combate, supongo. Al llegar la noche, tapizó con ellas un rincón del asfalto para probar. ¿Qué observó? Que era tan frío y tan duro como de costumbre. Ésta fue la conclusión que sacó: «Al diablo las plumas, ¡sólo son buenas para los pájaros! ¡Para comprenderlo, basta con unas cuantas! ¡Hay que estar loco para utilizarlas a montones!».

Que el lector no se sorprenda al encontrar esta historieta en una obra que pretende ser seria. Una sonrisa de vez en cuando no debería molestar a nadie, eso espero. Incluso llegaré a preconizar los beneficios de una historieta cada noche, sería menos monótono que contar ovejitas. Porque «a base de contar ovejitas que saltan en mi cama, tengo un inmenso rebaño que se pasea por mis noches», podríamos concluir como la cantante francesa Barbara.

El insomnio por falta de higiene del sueño[6]

La higiene del sueño y, de manera más general, la higiene de vida condicionan verdaderos insomnios si no son adecuadas. Los hábitos y los comportamientos a la hora de acostarse y por la noche desempeñan un papel determinante en la instauración de un insomnio que, una vez convertido en autónomo, se parece a todos los demás y será tan difícil de tratar como éstos. Acostarse, dormirse y despertarse de buen humor, ¡esto es lo bueno!

Primera regla: no intentar hacerlo demasiado bien, esto indica una preocupación excesiva, susceptible de ahuyentar el sueño.

Segunda regla: no poner obstáculos en el camino del sueño. La lista de posibles errores es larga, pero está llena de actos que se ha-

6. Véase en el capítulo 12 las «reglas de higiene del sueño».

cen quizá sin pensar que son perjudiciales, como tomar bebidas estimulantes para aguantar al final de la jornada,[7] hacer deporte al anochecer, acostarse antes de tener sueño porque es la hora (¿en qué código se encuentra la ley que dicta la hora adecuada de irse a dormir?), atrasar demasiado tiempo la hora de acostarse con el pretexto de que todavía se tienen cosas que hacer, quedarse en la cama por la mañana para descansar después de una mala noche y terminar por convertirlo en costumbre, hacer una siesta que invada el sueño de la noche siguiente, tomar somníferos por falta de confianza en la propia capacidad de dormir, etc., sin olvidar el mal uso de la cama, que debería reservarse exclusivamente para dormir por la noche y para la vida sexual, que encuentra también su sitio legítimo en este lugar propicio a la intimidad.

Conviene insistir sobre este punto: los que se meten en la cama para leer o mirar la televisión, o peor, los que trabajan en ella, comen o se quedan allí porque no tienen nada mejor que hacer, hacen un mal uso de su lecho y ponen en peligro su sueño. El organismo pierde sus referencias. ¿Cómo puede encaminarse hacia el sueño en el momento de acostarse cuando acostarse rima con activarse? En el buen durmiente, existe un condicionamiento que establece una fuerte relación entre noche, cama y sueño; si este condicionamiento se pierde, se corre el riesgo de perder también el sueño.

Por lo tanto, darse cuenta de los comportamientos contrarios al sueño y reconstruir los buenos condicionamientos constituye una parte esencial del tratamiento del insomnio.

El insomnio de rebote o la vuelta de la manivela

Una supresión demasiado brusca de los somníferos puede dar una sorpresa desagradable . En este ámbito, ¡el heroísmo no vale la pena! Al contrario, puede verse recompensado por una o varias noches en blanco. Como en todo lo que tiene relación con el sueño, existen factores personales que entran en juego; una persona sufri-

---

7. El café, el té, la Coca-Cola y, en menor grado, el chocolate. Son comparables los medicamentos que contienen cafeína u otras sustancias psicoestimulantes.

rá verdaderos signos de abstinencia después de unos pocos días de tratamiento, otra se verá libre de ellos después de un tratamiento prolongado.

Con los medicamentos más incisivos, de efecto más breve, se describe incluso un fenómeno de rebote del insomnio en cuanto el medicamento ha terminado de actuar, es decir, al cabo de tres o cuatro horas, en plena noche. Los que lo hayan vivido lo reconocerán. Para ellos, hay una solución: tomar un medicamento de acción más prolongada. No obstante, los medicamentos «inductores del sueño» son muy útiles para las personas que tienen problemas para dormirse pero cuyo sueño se mantiene adecuadamente una vez dormidas.

El insomnio relacionado con el estrés
y con acontecimientos de la vida difíciles de manejar

Después de traumatismos psíquicos o físicos, pueden producirse trastornos duraderos del sueño. Las pesadillas y los sueños traumáticos son frecuentes. En estos casos, está indicado el apoyo psicológico.

EL INSOMNIO APRENDIDO O CONDICIONADO

Es muy frecuente y puede establecerse como consecuencia de un insomnio ocasional. El candidato al sueño se transforma en un ser totalmente despierto en cuanto se acuesta. Se ve asaltado por mil y una ideas, rara vez optimistas y que viran fácilmente hacia lo irracional, debido a la experiencia de noches difíciles que le inducen a temer lo peor. Se hace un montón de preguntas como: «Hace un tiempo que no pego ojo por la noche; la prueba está en que tengo los ojos totalmente abiertos y veo pasar todas las horas. ¿Podré dormir por fin esta noche? ¿Qué aspecto tendré mañana? Me encuentro fea cuando no duermo y no sirvo para nada. Hace demasiado tiempo que no duermo mis 8 horas, sin las que no puedo estar en forma».

Todas estas preocupaciones traducen la sobrestimación subjetiva del tiempo de vigilia nocturna, el único que se recuerda, la infravaloración del tiempo dormido, que se mide mal, los prejuicios demasiado rígidos referentes al tiempo de sueño necesario y, finalmente, la anticipación pesimista de las angustias de la noche y las consecuencias a la mañana siguiente, que se considera que todo el mundo percibirá. Cuando se instala la inquietud, el sueño se aleja. La ansiedad reactiva la vigilia y, frente a esta hipervigilia ansiosa, el sueño es imposible. Se produce una pérdida brusca y dolorosa de la sensación de tener sueño, una impresión que, sin embargo, se percibía claramente antes de acostarse. El periodo de adormecimiento se alarga hasta que la «presión del sueño» es lo suficientemente fuerte para vencer el obstáculo. Así se constituye de forma insidiosa lo que los médicos del sueño llaman el *insomnio psicofisiológico* o insomnio condicionado.

LA FALTA DE RECONOCIMIENTO DEL SUEÑO O «AGNOSIA DEL SUEÑO»[8]

El mal durmiente presenta despertares nocturnos que fragmentan su sueño, lo cual empeora la sensación que tiene al despertar. También puede perder progresivamente *la percepción*, es decir, no saber si estaba despierto o dormido y no dudar en enfadarse si le dicen que estaba durmiendo cuando él, ante la duda, prefiere creer que no. La consecuencia es una sobrestimación subjetiva del trastorno de la que es muy difícil convencerlo. Incluso un registro del sueño que demuestre que ha dormido lo deja escéptico.

Por ejemplo, una de mis pacientes llegó a poner en duda los datos objetivos que mostraban 6 horas de sueño durante la noche registradas en el laboratorio, diciendo que sólo podía tratarse de un error, que aquellos resultados no podían ser suyos. ¡Ella «sabía muy bien» que no había dormido!

---

8. *Agnosia* es una palabra de origen griego que significa «ignorancia». Se habla también de una pérdida de la percepción del sueño.

A favor de esta paciente, hay que mencionar una particularidad de su sueño bastante frecuente en este tipo de trastornos: la no extinción de los ritmos de vigilia durante el sueño, con una superposición del ritmo alfa de vigilia y las ondas lentas delta del sueño, lo que los especialistas llaman el *alpha-delta sleep* en el EEG. Si persiste un componente de la vigilia a lo largo del sueño en lugar de desaparecer, es más fácil imaginar que el sueño se perciba mal.

Un aspecto análogo se describe en una entidad patológica que asocia trastornos del sueño, una fatiga intensa y dolores al hacer esfuerzos, todo ello sobre un fondo ansioso y sobre todo depresivo: se trata de la fibromialgia, un trastorno que diagnostican tanto los reumatólogos como los médicos del sueño.

EL INSOMNIO, UN SÍNTOMA SUGESTIVO DE UN PROBLEMA SUBYACENTE

Desempeña un papel esencial como signo de alarma en diversas enfermedades, tanto si afectan al cuerpo como a la mente. Y constituye un motivo de consulta que permite al paciente acceder a un tratamiento.

No existe una «personalidad típica» del insomne, pero los introvertidos, los ansiosos y los depresivos son muy propensos, ya que son más frágiles ante el estrés que los demás.

No es que el estrés sea patológico en sí mismo; forma parte de la vida e incluso se podría decir que es su salsa. El problema está en la dificultad que experimentan algunas personas para controlarlo. La tensión y la hipervigilia en las que viven de forma permanente constituyen un obstáculo para el sueño; las noches son desastrosas y los días no mucho mejores; son incapaces de hacer la más pequeña siesta, no hay forma de que se relajen. Enfrentados a noches demasiado cortas y a despertares que anuncian largas esperas solitarias, algunos dan vueltas a sus preocupaciones, otros engañan su angustia y colman el vacío precipitándose sobre cualquier cosa comestible, se llenan el estómago a falta de algo mejor.

El insomnio es, pues, uno de los signos principales de los trastornos de ansiedad y depresión.

La ansiedad tiene como corolario una elevación del nivel de vigilia; coloca al sujeto en un estado de hipervigilia. En estas condiciones, hay problemas para conciliar el sueño, se presentan dificultades y un retraso en el adormecimiento, es decir, un trastorno en el establecimiento del sueño. Cuando por fin aparece el sueño, es normal o insuficiente, según la hora en que haya que levantarse.

En caso de depresión, el adormecimiento está poco alterado, a menos que esté asociado a ansiedad; el sujeto depresivo concilia bien el sueño pero se despierta durante la noche. Puede despertarse una o varias veces y tener dificultades más o menos importantes para volver a dormirse cada vez. También puede despertarse definitivamente de forma precoz y pasar una noche de sueño que termina demasiado pronto, a veces al cabo de un tiempo muy corto. Las consecuencias son penosas, porque el hecho de esperar el día, solo, rodeado de otros que duermen, en la inacción estéril y los pensamientos negros, no es una situación envidiable. Sea cual sea la duración del sueño, existe además la fatiga que aparece al despertar y puede durar una parte importante de la jornada. Entonces desaparecen las ganas de acción y ya nada suscita placer o motiva al desgraciado insomne, cuya jornada se presenta muy sombría. Se quedaría en la cama días enteros, sin hacer nada —es lo que se llama la «clinofilia» o gusto desmesurado por la cama—, aunque sin dormir.

Si se registra el sueño del depresivo, se constatan alteraciones de la organización del mismo. De forma poco específica, existe, en general, una disminución global del sueño y, más especialmente, del sueño profundo, así como una fragmentación del sueño por periodos de despertar y un aumento del tiempo de vigilia nocturna. De forma mucho más específica, se observa la aparición demasiado precoz del sueño paradójico, como en las personas mayores.

Para no confundir depresión y envejecimiento normal, se ha creado la regla llamada de los 90, según la cual la suma de la latencia del primer sueño paradójico en minutos y la edad del sujeto en años debe ser inferior a 90. Cifras superiores indican una posible depresión.

Los duchos en matemáticas deben ser indulgentes con los pobres médicos que, en su mayoría, no son campeones en ciencias exactas; deben perdonarles este procedimiento ilícito que consiste en sumar vacas y cerdos. Lícita o no, la regla es muy cómoda y se muestra fiable.

Cuanto más tiempo duerme el depresivo, más cansado se siente. De ahí la idea de los psiquiatras de utilizar la privación de sueño como medio de lucha contra la depresión. Según esta hipótesis, el medio es eficaz, pero solamente mientras dura la privación de sueño, porque la recaída depresiva sigue de cerca al menor adormecimiento. Por lo tanto, la fatiga y la falta de ánimo, que se atenúan paradójicamente con la restricción de sueño, no pueden atribuirse a la falta de sueño, contrariamente a lo que creen los depresivos. Son signos directos de la depresión igual que el insomnio. La depresión puede mantenerse oculta o latente y manifestarse sólo en este periodo por un insomnio aparentemente aislado. El tratamiento del insomnio permite evitar el paso de una depresión todavía latente a una depresión declarada.

En la misma dirección, se observa que los medicamentos antidepresivos actúan sobre el sueño en sentido inverso a la depresión, alejan el sueño paradójico, a pesar de la prolongación global del sueño que producen. Estos medicamentos provocan, pues, una privación selectiva de sueño paradójico, que se muestra más eficaz y más duradera que una privación total, sin las molestias de esta privación y en un contexto de relajación progresiva.

EL INSOMNIO ESTACIONAL

Se presenta cada año en otoño y dura hasta la primavera. Como la depresión estacional de la que probablemente es una forma leve, este tipo de insomnio justifica un tratamiento muy específico, la luz. Se plantea entonces la elección terapéutica entre darse el lujo de una estancia en el otro hemisferio para buscar el sol allí donde se encuentre, si se tienen los medios, o bien, de forma menos exótica pero igualmente eficaz, quedarse en casa y compensar la falta de sol con la luz artificial de una lámpara de fototerapia. Los escandinavos hace tiempo que lo tienen claro. Su largo invierno nórdico tiene consecuencias graves sobre la salud de los individuos más frágiles, por lo tanto, instalan luces intensas en los lugares de trabajo, lo cual permite mantener la moral de la tropa hasta la primavera, que trae la luz y el buen humor.

No cualquier disminución del sueño debe considerarse un insomnio

No por eso debe pasarse por alto, porque puede esconder otros problemas. El sueño puede reducirse mucho en los trastornos psiquiátricos, como la anorexia mental o el brote maniaco, una exaltación del humor en sentido inverso a la depresión. Estos enfermos no se quejan de dormir poco o de estar cansados, al contrario, se muestran hiperactivos y no piensan en dormir. Cuando esta hiperactividad se combina con una reducción de la alimentación, como ocurre en la anorexia mental, el pronóstico vital puede estar en juego, debido al agotamiento de los recursos, sin que el sujeto haya pensado nunca en quejarse.

Las enfermedades orgánicas, o enfermedades del cuerpo, también pueden repercutir sobre el sueño, puesto que cuerpo y mente son uno

¿Se puede dormir cuando se tiene dolor?

La artrosis y el reumatismo son crueles enemigos del sueño. Hay que empezar por tratar el dolor y utilizar los somníferos sólo como apoyo, si es necesario.

¿Se puede dormir cuando no es posible moverse?

Los trastornos motores, como los de la enfermedad de Parkinson, alteran el sueño en más de un aspecto. No poder darse la vuelta cuando a uno le gustaría cambiar de postura puede ocasionar molestias importantes y dolores en las zonas de apoyo. La depresión es frecuente en estos pacientes y favorece también los trastornos del sueño. El mal funcionamiento del sistema nervioso central, responsable de la enfermedad, es la razón profunda del insomnio de estos enfermos.

¿SE PUEDE DORMIR CUANDO SE TIENEN DIFICULTADES PARA RESPIRAR?

Tanto si la causa es una enfermedad cardiaca como pulmonar, puede haber dificultades para respirar, incluso con varias almohadas. Trastornos del sueño y enfermedades cardiorrespiratorias se empeoran recíprocamente; el diagnóstico y el tratamiento de las apneas del sueño son entonces fundamentales para el pronóstico.

¿HAY QUE REGISTRAR EL SUEÑO DE LOS INSOMNES?

Sabemos describir tan bien las modificaciones del sueño en los insomnes porque disponemos de los medios de registrar el sueño en estos pacientes. Cuando la medicina del sueño estaba en sus inicios, la investigación se alimentaba de los datos de estos registros. Poca gente había oído hablar de esta disciplina y los laboratorios del sueño trabajaban en la confidencialidad. Así pues, se registraba el sueño de los insomnes esencialmente para descubrir las alteraciones que se consideraban específicas. Esto proporcionaba menos argumentos terapéuticos que la propia clínica, pero los pacientes tenían la sensación de que se ocupaban de ellos y cooperaban.

Ante la importancia de explorar los trastornos orgánicos del sueño y ante el número de pacientes en los que se sospecha una apnea del sueño, es cierto que actualmente se les da prioridad y, como consecuencia, se explora cada vez menos el insomnio. Es evidente que un insomne puede tener también una enfermedad orgánica asociada y que, a la menor duda, también se le explorará. No se trata tanto de ahorrar como de intentar responder a la demanda más urgente, en el contexto de unos centros del sueño saturados. Podemos tranquilizar a los insomnes, recibirán también un buen tratamiento, con o sin polisomnografía si no se espera de ella información pertinente y, por lo tanto, si no se les prescribe el examen.

EL INSOMNIO CUESTA CARO A TODO EL MUNDO

¡Su evaluación puede hacer perder el sueño a los que se arriesgan! Sin embargo, hay que tomar conciencia de los hechos. El coste individual es la pérdida de calidad de vida y la repercusión sobre el entorno de la persona que duerme mal, su familia, sus amigos o su medio profesional, que también reaccionan. La disminución del rendimiento y el absentismo laboral pueden desembocar en la pérdida del empleo, que no hará más que empeorar el insomnio. La salud también sufre, puesto que el funcionamiento del cuerpo se altera; dolor de cabeza, dolor de espalda y trastornos digestivos son las primeras consecuencias.

El coste social depende del exceso de utilización de medicamentos, de la multiplicación de las consultas y de las bajas laborales, que cuestan caras a la empresa y a los organismos sociales, eso si no conducen al paro, todavía más improductivo y más oneroso para la nación. Por lo tanto, en interés de todos, el insomnio debe tratarse desde el inicio.

EL EXCESO DE SUEÑO O HIPERSOMNIA

Los que duermen mal sueñan con dormir largo tiempo, con dormir mucho. No se imaginan que dormir demasiado pueda ser tan difícil de soportar como dormir demasiado poco. ¡Desgraciadamente, el principio de los vasos comunicantes no funciona en este caso! ¡Qué cómodo sería juntar a un insomne y un hipersomne para conseguir dos buenos durmientes! ¡Como en cualquier otro ámbito, lo mejor es enemigo de lo bueno y el exceso de sueño no es mejor que el insomnio!

Se conocen pocas enfermedades que ocasionen un exceso de sueño, porque los hipersomnes, al contrario que los insomnes, son poco numerosos y se quejan poco. Sin embargo, algunos presentan síntomas inesperados que apasionan a los fisiólogos del sueño y sorprenden a los demás. Sufren por pasarse la vida durmiendo, por dejar pasar la vida. ¡Hay que dormir para vivir, pero no se puede vivir para dormir!

Un breve recordatorio de las causas de somnolencia excesiva inducida

Las sustancias sedantes

En general, se trata de medicamentos, prescritos en exceso, y de pacientes poco informados sobre los peligros a los que les exponen estas sustancias. Las indicaciones son variadas: trastornos del sueño, alergias, síntomas psiquiátricos, dolor, etc. Conviene recordar que tomarlos constituye un peligro al volante y contraindica la conducción de un automóvil durante todo el tratamiento. Lo mismo ocurre con cualquier otra tarea, profesional o no, que requiera buenos reflejos. El alcohol también favorece la somnolencia y empeora siempre la somnolencia inducida por otro medio.

Al margen de la prescripción médica y, por lo tanto, fuera de cualquier control, muchos comportamientos alterados conducen al consumo de medicamentos o drogas en todas sus formas y constituyen un peligro importante.

El consumo excesivo de estas sustancias alcanza proporciones dramáticas, en todos los medios de la sociedad; hay que hacer sonar la alarma.

En efecto, ¿quién no ha soportado sus consecuencias? ¿Le han despertado por una necesidad cuando estaba en un sueño muy profundo después de tomar un somnífero? ¿Ha experimentado la sensación de no saber dónde está, qué hora es, quizás incluso quién es, signos de la embriaguez del despertar, un equivalente pasajero de lo que los psiquiatras llaman un estado confusional?

¿Cuánto tiempo necesita para sentirse operativo por la mañana si ha tomado un somnífero y sobre todo si lo ha tomado en mitad de la noche? ¿De cuánto tiempo dispone antes de ponerse al volante para ir a trabajar? Si el primer tiempo es más largo que el segundo, hay peligro. Lo que vale para un somnífero ocasional vale *a fortiori* para los «calmantes» que se toman durante mucho tiempo.[9] También hay que recordar que la eliminación de los productos ingeridos es más lenta en los sujetos de edad y en los que padecen una insuficiencia renal; en ambos casos, debe disminuirse la dosis. Si usted necesita un comprimido de somnífero para dormir, a sus abuelos les basta con la mitad o con una cuarta parte de comprimido.

LA FALTA DE SUEÑO

No nos cansaremos de repetirlo, porque se trata de la causa más banal y la más frecuente de somnolencia. Banal o no, esta razón merece ser destacada, teniendo en cuenta su frecuencia.

LA APNEA DEL SUEÑO O LOS MOVIMIENTOS PERIÓDICOS DEL SUEÑO

Fragmentan el sueño de forma involuntaria y se traducen por una somnolencia excesiva y adormecimientos incontrolados que a menudo son reveladores.

LAS ENFERMEDADES DE LA VIGILANCIA

Ante el desprestigio del concepto de insomnio primario, ¿podemos considerar la idea de una patología primaria de la vigilia? Los trastornos no son de la misma naturaleza y nada contradice la legitimidad de esta consideración.

Biólogos, especialistas en inmunología, en genética, en cronobiología, etc., se apasionan por estas enfermedades, que ofrecen

---

9. Todos los medicamentos que pueden modificar el estado de vigilancia llevan una nota especial en el prospecto. Lo mismo ocurre con los que impiden el sueño y pueden producir el mismo efecto de forma indirecta.

modelos que permiten comprender mejor lo que ocurre cuando todo va bien. Cada día se identifican nuevos neurotransmisores implicados en la regulación del equilibrio vigilia-sueño. Ciertos modelos animales espontáneos de estas enfermedades permiten el avance de los trabajos experimentales y los progresos en la comprensión y el tratamiento de los trastornos en el ser humano.

LA NARCOLEPSIA

Dos palabras sobre historia. Esta enfermedad fue identificada en el siglo XIX. La primera descripción se la debemos a un alemán, Westphal, en 1877. En Francia, en 1880, Gélineau, que posiblemente no sabía nada de las constataciones de Westphal (todavía no se había inventado Internet), innova también con la descripción del caso de un comerciante de barricas de vino que se dormía sin querer durante el día y presentaba caídas ocasionadas por emociones.[10] El síndrome de Gélineau o narcolepsia acababa de nacer. Más tarde, Yoss y Daly precisaron el conjunto de signos de la enfermedad, en 1957, mientras que el sueño paradójico no fue identificado hasta 1953. Hubo que esperar hasta la década de 1970 para el descubrimiento del modelo animal canino de la enfermedad.

¿Por qué tanta atención para una enfermedad tan rara? Rara no es la palabra, puesto que alcanza las mismas proporciones que la esclerosis en placas. Se considera rara porque pasa desapercibida con demasiada frecuencia; ¡hoy todavía pueden transcurrir periodos de tiempo de cinco a quince años entre la aparición de los primeros signos y el diagnóstico!

Podemos descubrir esta enfermedad a través del cine, en la película de Gus Van Sant, *Mi Idaho privado*. El personaje principal de la película era narcoléptico. La descripción de la enfermedad es bastante fiel, aunque no se trata de una película médica. En cualquier caso, es una buena manera de conocer los signos de este tras-

10. Véase M. Billiard y otros, «La narcolepsie - La somnolence excessive», *Le Sommeil normal et pathologique*, Masson.

torno, unos signos que, médicos o no, es interesante que todos podamos identificar para evitar que los que los sufren permanezcan demasiado tiempo sin tratamiento.

En primer lugar, se producen adormecimientos contra los que es imposible luchar y que hacen caer al sujeto, a veces incluso sin que se dé cuenta. Una singularidad propia de la narcolepsia es que los adormecimientos son de sueño paradójico, lo cual no ocurre de ordinario. De la misma manera que no se arranca un coche en quinta, normalmente no se espera que el estadio de sueño en el que se sueña aparezca antes del paso obligado por los estadios 1, 2, 3 y después 4 del sueño lento. El periodo de sueño, incluso breve, restablece una vigilancia correcta; se dice que es refrescante. Mientras que el sujeto normal nunca sueña cuando hace la siesta, porque no es el momento del estadio del sueño en el que se sueña, el narcoléptico a menudo recuerda sueños después de sus periodos de adormecimiento diurnos, aunque sean breves.

Se observa que los músculos se aflojan ante la menor emoción, broma o sorpresa. Imagine a un pescador que deja caer la caña en cuanto el pez muerde el anzuelo, al enamorado transido que se desploma al declarar su pasión, etc. Habrá reconocido también a la dama demasiado emotiva de la que hablábamos en el capítulo 6. Esta manifestación recibe el nombre de cataplexia.

Aparecen alucinaciones a menudo terroríficas, durante el adormecimiento y más raramente al despertar, tan terroríficas que a veces dan lugar a comportamientos insólitos, como parapetarse, guardar un arma bajo la almohada para protegerse contra hipotéticas presencias hostiles y, poco a poco, retrasos en la hora de acostarse por miedo a tener miedo. Los relatos de estas alucinaciones son de lo más variado. Para algunos, simplemente se trata de la habitación que parece diferente, para otros, el cuerpo se deforma. También puede ser, en un grado más avanzado, una presencia animal o humana, generalmente amenazadora… He preguntado a mis pacientes víctimas de estas alucinaciones si su contenido se parece al de los sueños nocturnos y todos han respondido que no.

Finalmente, aparecen angustiosas parálisis del sueño después de un sueño de calidad mediocre, parálisis cuya duración es imprevisible.

Quizás ha identificado en estos signos algunos constituyentes del sueño paradójico:[11] actividades mentales que comparamos clásicamente, aunque tal vez equivocadamente, con las de los sueños, abolición del tono muscular, etc. Se trata, en efecto, de una irrupción patológica del sueño paradójico fuera de los periodos que le corresponden habitualmente, es decir, al final de la noche. Ante las dificultades para vivir que producen estos síntomas y la eficacia del tratamiento, hay que saber reconocer clínicamente la narcolepsia, para proponer una exploración y tener la confirmación del diagnóstico. Ésta se basa ante todo en la constatación de adormecimientos rápidos y directamente en sueño paradójico en la prueba múltiple de latencias del sueño.

El carácter familiar de esta enfermedad incita a buscar personas que podrían estar afectadas en la familia de los casos que ya se han identificado. El árbol genealógico tiene aquí un interés muy especial, ya que una o dos generaciones pueden verse libres de la enfermedad.

LA HIPERSOMNIA IDIOPÁTICA[12]

¡No todos los que duermen demasiado son narcolépticos! La hipersomnia idiopática es el ejemplo típico del desequilibrio de la alternancia vigilia-sueño en provecho del sueño. Es como si, en los platillos de la balanza, el sueño fuera demasiado pesado y la vigilia demasiado ligera. Según la ley del más fuerte, el sueño gana y se vuelve invasor, mientras que la vigilia no consigue mantenerse.

Recuerde la historia del joven J. P., de 16 años, el «blandengue» que siempre estaba durmiendo.[13] En su caso, el sueño era excesivo, pero era un sueño sin particularidades. Necesitaba tanto dormir que ninguna duración del sueño llegaba a satisfacerlo por completo. Siempre le quedaba una somnolencia de fondo y ganas de dormir más. Se trataba de una necesidad insaciable y de un sueño que

11. Véase el capítulo 1.
12. Idiopática o esencial, término que significa «ausencia de causa conocida».
13. Véase el capítulo 4.

renacía de forma permanente, como las cabezas de la Hidra de Lerne cada vez que se cortaba una. Los sujetos afectos de este mal intentan mantenerse activos permanentemente para luchar mejor contra el sueño, porque, contrariamente a lo que ocurre con la narcolepsia, mantienen cierto control y pueden luchar contra el adormecimiento.

La enfermedad tiene también un carácter familiar y se admite la transmisión genética. Incluso se conocen familias en las que coexisten la narcolepsia y la hipersomnia idiopática.

Ante este exceso de sueño, antes de hacer el diagnóstico de hipersomnia idiopática, siempre hay que buscar una causa, como la apnea, los movimientos periódicos del sueño o el hecho de tomar medicamentos sedantes a dosis elevadas. También hay que descartar una narcolepsia incompleta o atípica, ya que el especialista más experto puede equivocarse a primera vista.

Entre mis casos, recuerdo un diagnóstico difícil en una paciente de unos 30 años que exponía sus síntomas con precisión y, sin embargo, de tal manera que era difícil emitir una hipótesis precisa en la primera consulta.

La señora E. me contaba accesos durante los cuales creía mantener un contacto lejano con el mundo exterior, pero no podía ni actuar ni hablar; desde el exterior, parecía ausente. No se quejaba de somnolencia ni tenía sensación de extrañeza, como ocurre a menudo en las ausencias de tipo epiléptico. Tampoco existían antecedentes familiares de enfermedades de la vigilancia, de enfermedad neurológica o psiquiátrica.

Después de la consulta, le hablé del caso a un colega psiquiatra. Mi colega aventuró una hipótesis, ya que la historia le sugería manifestaciones neuróticas de tipo histérico.

Afortunadamente, ya había solicitado un estudio completo del sueño y la vigilancia, así como un EEG para descartar una epilepsia.

El resultado del estudio fue una hipersomnia grave de tipo idiopático. Faltaba comprender por qué la enferma no percibía los trastornos como somnolencia y adormecimiento. En el trazado del sueño se observaba una persistencia del ritmo alfa de la vigilia y se podía reconocer el aspecto *alpha-delta sleep* ya mencionado a propósito de la pérdida de la percepción del sueño. Por lo tanto, era muy tentador encontrar ahí una explicación a la falta de reconocimiento de lo que posiblemente correspondía a adormecimientos. En efecto, en las pruebas de latencias de sueño, la paciente no se dio cuenta de que había dormido, cuando objetivamente se durmió muy deprisa en cada tiempo de la prueba.

El diagnóstico se basa en la prolongación de la duración del sueño en 24 horas y el aumento del sueño profundo, así como en la propensión exagerada al sueño en las pruebas de latencias de sueño, sin sueño paradójico precoz ni otra enfermedad detectable.

Tanto la narcolepsia como la hipersomnia idiopática se tratan con estimulantes de la vigilancia. También en este caso debe prohibirse conducir un automóvil mientras no se hayan corregido los síntomas con el tratamiento y se haya verificado la eficacia terapéutica mediante pruebas objetivas.

LA HIPERSOMNIA RECURRENTE[14]

Es también intrigante y rara. Fue descrita en 1925 y 1929 por Kleine y Levin, que le dejaron sus nombres, y sus trastornos se presentan por accesos, durante los cuales se observa un sueño masivo que dura varios días, trastornos del comportamiento alimentario y un desenfreno sexual en los breves momentos de vigilia. Fuera de los accesos, el sujeto, a menudo un joven sin antecedentes, más bien sobrio y discreto, presenta un comportamiento totalmente normal. El trastorno transitorio afecta probablemente a las estructuras cerebrales que presiden el comportamiento instintivo básico. Los medicamentos estabilizadores del humor son eficaces en la prevención de las recaídas.

EL EXCESO DE SUEÑO DE TIPO DEPRESIVO

No podemos dejar de hablar de este aspecto porque se describe clásicamente. Confieso que nunca he visto un caso comproba-

14. Véase el capítulo 6, el caso de F.

do. En cambio, en los depresivos, se constata frecuentemente una clinofilia, o gusto desmesurado por la cama, que se convierte en el origen de su cansancio y el refugio de su inacción. Al aumentar el tiempo que pasan en la cama, acaban por dormir un poco a cualquier hora y a veces incluso más de día que de noche, con un sueño que se parece al de los bebés o los ancianos que envejecen mal. Conviene recordar que las modificaciones de la organización del sueño debidas a la depresión imitan a las relacionadas con la edad. ¡En las personas mayores y las depresivas, por desgracia un ejemplo frecuente, los trastornos se acumulan y dormir puede convertirse en una pesadilla!

¿HAY QUE REGISTRAR EL SUEÑO DE LAS PERSONAS QUE DUERMEN DEMASIADO?

Esta vez, la respuesta es afirmativa en todos los casos. Un exceso de sueño siempre puede esconder una enfermedad orgánica del sueño y, por lo tanto, debe explorarse. El tipo diurno de este trastorno se explora mejor con las pruebas de latencias de sueño o de mantenimiento de la vigilia, pero ¿cómo podemos interpretar los resultados si no sabemos qué ocurrió la noche anterior? Un sueño insuficiente alteraría los resultados de la misma manera que una hipersomnia. Un despertar más precoz de lo habitual, para acudir al hospital, puede ocasionar una privación de sueño paradójico; si se desconoce, se puede llegar a la conclusión errónea de que existe una narcolepsia ante la existencia de adormecimientos en sueño paradójico, cuando en realidad se trata de un fenómeno banal de recuperación. Por lo tanto, es indispensable un estudio completo que incluya el registro del sueño.

¿NOS HEMOS OLVIDADO DE LA ENFERMEDAD DEL SUEÑO?

Buena pregunta para cerrar el capítulo. No se trata de un olvido; lo que ocurre es que el nombre de esta enfermedad es impropio. El principal síntoma de la llamada «enfermedad del sueño» es un coma, es decir, un trastorno de la conciencia y no del sueño. El agente de la enfermedad es el tripanosoma, transmitido por la mosca tsetsé. La enfermedad produce una encefalitis grave; afortunadamente, no se presenta en nuestro clima.

Un punto de referencia: no se puede despertar a un sujeto que está en coma, mientras que siempre es posible despertar al que duerme. En el primer caso, se trata de una modificación del estado de conciencia, en el otro, de una modificación del de vigilancia.

Capítulo 10

Las enfermedades más frecuentes: los desfases y los fenómenos que parasitan el sueño

Los desfases del sueño en las 24 horas

Los desfases, que se presentan como un avance o un retraso de la zona horaria dedicada al sueño, sólo son patológicos si van claramente más allá de las variaciones individuales banales y dan lugar a trastornos. Las personas que se levantan y se acuestan temprano o las que se levantan y se acuestan tarde no padecen un desfase, están dentro de la curva de Gauss de los sujetos normales, aunque se sitúen en los extremos. El sujeto desfasado no vive al mismo tiempo que su entorno y esto nunca se debe al azar; puede tener dificultades en su vida social y en su trabajo. Su reloj interno se ha desfasado y la alternancia vigilia-sueño ya no se corresponde con la alternancia día-noche. Nadie o casi nadie está programado genéticamente de esta forma extravagante.[1] Siempre hay una causa, más o menos evidente y más o menos confesable, que ha originado el desfase.

Tanto si el sujeto se desfasa con respecto a los demás como si el entorno se encuentra desfasado con respecto a él, como ocurre durante los viajes transmeridianos o en los trabajos por turnos, el tiempo dedicado a dormir se sitúa fuera de las horas de la noche. Este desfase sólo conviene a los trabajadores nocturnos y los noctámbulos.

---

1. Existe un enfermedad rara en la que la secreción de melatonina tiene lugar a destiempo; el sueño nocturno se ve muy alterado y, durante el día, el sujeto hace una siesta larga, el único momento de sueño adecuado de las 24 horas.

LOS DESFASES HORARIOS DEBIDOS AL PASO DE HUSOS HORARIOS

Con el tiempo libre en aumento y los medios de transporte en desarrollo, que facilitan los viajes de placer o de negocios a países lejanos, los desfases horarios son muy banales. Sin embargo, no es tan banal tener que dormir a destiempo. Es necesario un ajuste y siempre existe un periodo difícil de falta de sincronización interna.[2]

Si se va hacia el oeste, el primer día de viaje se prolonga; se tiene sueño demasiado temprano pero se puede luchar unas horas y generalmente se duerme bien al llegar, debido a la prolongación de la vigilia presueño. En cambio, el despertar se produce demasiado temprano mientras se está apegado a la hora del país de origen. Para adaptarse con mayor rapidez, hay que comer a las mismas horas que los autóctonos y sobre todo exponerse a una luz intensa al atardecer, para retrasar el reloj interno.

Si se va hacia el este, la adaptación es más difícil, porque los días son inicialmente más cortos y el margen de adaptación en este sentido es menos importante que en el otro. Resulta imposible dormir a una hora en que, para nuestro reloj interno, es aún pleno día. Es tan fácil luchar para permanecer despierto durante más tiempo como difícil dormirse antes de la hora. Una iluminación matinal intensa contribuye a la adaptación, puesto que adelanta el reloj interno. Se recomendará el empleo de melatonina como marcador de la noche, es decir, en su papel más normal, en cuanto se disponga de esta sustancia.

Es posible adaptarse si la estancia es lo bastante larga; para las estancias muy cortas, se aconseja ajustarse al máximo a las propias referencias. Esto evita tener que repetir la adaptación en sentido contrario al regreso.

En cualquier caso, el personal que trabaja en vuelos largos se ve sometido a una dura prueba; para hacer su trabajo, hay que tener una capacidad de adaptación excepcional. Según las compañías, el empleo del tiempo está más o menos cargado, más o menos pensado en función de la fisiología. He tenido ocasión de ver a varias azafatas aéreas con un aspecto totalmente desorientado, cansadas

2. Véase el capítulo 1.

y sin poder dormir. Su reloj interno no estaba desfasado, estaba estropeado.

LOS DESFASES INDUCIDOS POR EL TRABAJO POR TURNOS

Provocan los mismos trastornos, con una situación tanto más penosa cuanto que es forzada y permanente.

Más de un millón de trabajadores franceses trabajan de noche, de forma más o menos regular. Se ven afectados los médicos y el personal sanitario, así como numerosos sectores de la industria que funcionan de forma continua por turnos rotatorios. Los periódicos de la mañana se hacen por la noche... Así pues, no faltan los ejemplos. Las alteraciones inducidas por esta forma de trabajo afectan tanto a la vigilia como al sueño. El sueño diurno no es tan largo y reparador como el nocturno; la proporción de sueño profundo disminuye y el afectado se despierta con mayor frecuencia. La vigilia nocturna es también de mala calidad; se producen accesos de somnolencia y breves periodos de amodorramiento que pasan más o menos desapercibidos, siempre que no ocasionen un accidente de trabajo o camino del trabajo. Se describe un «síndrome de mala adaptación»,[3] que comporta una somnolencia inoportuna, fatiga, sueño insuficiente, molestias gastrointestinales y aumento de peso, que no mejoran con el paso del tiempo.

Actualmente, no se dispone de criterios de predicción para saber qué trabajadores tienen las mejores condiciones para adaptarse y podrían soportar mejor un trabajo por turnos. La capacidad de resistencia a la somnolencia sería un criterio a considerar, entre otros; podría utilizarse la prueba de mantenimiento de la vigilia en el estudio previo a la contratación cuando se trata de un trabajo por turnos. Las personas con hábitos de funcionamiento rígidos sería mejor que se abstuvieran, a pesar de lo atractivas que puedan ser las medidas de compensación.

3. Para más información, véase J. Foret en «Troubles induits par les horaires de vie décalés (le travail posté)», en M. Billiard, *Le Sommeil normal et pathologique*, Masson.

Es necesario realizar esfuerzos de reflexión para mejorar la organización de las tareas y las condiciones de trabajo. Médicos del sueño, médicos del trabajo y equipos de dirección se aplican juntos a esta difícil tarea. El modelo escandinavo incita a utilizar iluminaciones intensas para los puestos de trabajo nocturnos, ya que la luz actúa favorablemente sobre el mantenimiento de la vigilia. También hay que pensar en los horarios de comidas, los periodos de reposo y el tiempo dedicado al ejercicio físico, que permite disipar el sopor. Como último recurso, aquí están los medicamentos. Los equipos de noche tienen la costumbre de comer un refrigerio rico en calorías para aguantar y beber grandes cantidades de café para permanecer despiertos, aunque sería preferible el empleo de medicamentos estimulantes de la vigilia, porque son más eficaces, más fáciles de controlar y menos perjudiciales.

Entre paréntesis, recuerdo el caso de una enfermera de noche, Lulu, destacable por su redondez generosa y su competencia, que cada noche, hacia las 4-5 de la madrugada, preparaba un café y un chocolate para recuperar el tono de su equipo. El problema era que se tomaba el reconfortante refrigerio con nosotras, de ahí su sobrepeso. A la interna principiante que era yo entonces, le iba de perlas ante la perspectiva de una urgencia neuropsiquiátrica de madrugada. Todavía conservo un recuerdo emocionado de Lulu.

EL DESFASE DEBIDO AL PROPIO SUJETO

Siempre existe una razón para el desfase, consciente o no, aunque el sujeto no tenga nunca la sensación de haberse desfasado intencionadamente.

Las jornadas largas y la fatiga al final del día impulsan a las personas mayores a acostarse temprano. Por lo tanto, se despiertan también más temprano y se produce un avance de fase. En general, el desfase es moderado, limitado por el temor a despertarse demasiado temprano por la mañana.

Los más afectados por los desfases son los adolescentes y los adultos jóvenes, a menudo estudiantes, en los que el avance o el retraso puede ser más importante e incluso conducir a una inversión de fase que les transforme en una especie de vida nocturna. El retraso de fase es mucho más corriente que el avance, pero pueden producirse los dos.

En los casos de avance de fase que privan al individuo de las veladas nocturnas tan preciadas a esta edad, se observan a menudo personalidades patológicas.

En los retrasos de fase, las causas son más banales: conflicto con el medio familiar y deseo de escapar a los esfuerzos educativos de los padres, búsqueda de las experiencias embriagadoras de la noche, deseo de aprovechar al máximo la juventud y las veladas entre amigos, trabajo intensivo en casa de compañeros con objetivos exigentes, ya sea por propia elección, ya sea por elección de los padres.

Es raro que un sujeto joven se desfase a sabiendas y se formule claramente el deseo que subyace en esta tendencia. Se da cuenta, como los demás y sin comprender más que ellos, de que siempre va con retraso, tiene sueño si intenta llegar a la hora, está somnoliento, poco atento y quizá ya disminuye su rendimiento escolar. Después, un día, con motivo de un examen, una entrevista de trabajo o al acercarse su primer día de trabajo, se da cuenta de que ya no puede volver atrás y de que sus esfuerzos para dormirse más temprano son vanos. Entonces comprende que ha caído en su propia trampa. La recuperación del desfase será más difícil que la suave pendiente por la que se deslizó poco a poco durante el desfase. Tendrá que hacer esfuerzos motivados por nuevos objetivos y mantenidos durante largo tiempo para volver a la norma. Ahora bien, el concepto de norma es precisamente uno de los que los jóvenes odian más.

Ante la constatación de los síntomas, se piensa en primer lugar en un insomnio, sobre todo si se ignora la existencia de los desfases, pero el tratamiento habitual del insomnio es ineficaz. El mejor argumento a favor de un desfase viene dado por el horario de sueño preferente durante las vacaciones, cuando no hay obligaciones. La persona que duerme bien de 5-6 h de la madrugada a 13-14 h del mediodía y que se encuentra en forma en estas condiciones es un sujeto desfasado. No hay que olvidar preguntárselo para identificarlo como tal.

La terapéutica va a la inversa de lo que sería intuitivo; en lugar de corregir el retraso mediante una vuelta atrás como se haría con un reloj, se fuerza el sistema acentuando el defecto hasta alcanzar las horas de sueño adecuadas. Lo que a primera vista parece un juego, constituye una molestia no despreciable. ¿A quién echar la culpa si no a uno mismo?

LOS FENÓMENOS QUE PARASITAN EL SUEÑO O PARASOMNIAS

Son manifestaciones variadas que se producen durante el sueño, no debidas al proceso del sueño propiamente dicho. Resulta cómodo clasificarlos en función del estadio del sueño en el que aparecen.

LAS MOLESTIAS DEL ADORMECIMIENTO

Los calambres

Se localizan en las pantorrillas o en los pies, son especialmente dolorosos y ceden al extender el músculo contraído. Levantarse facilita la extensión pero despierta al que intentaba dormirse. Se observan sobre todo en el adulto.

Los sobresaltos del adormecimiento

Son frecuentes y carecen de gravedad, pero pueden resultar molestos y despertar al compañero de cama; se acompañan a veces de percepciones de *flashes* luminosos, ruidos, dolor o sensación de caer en el vacío.

La somniloquia

Es el hecho de hablar durante el sueño. La somniloquia no parece relacionada con los sueños y se presenta sobre todo en el adolescente y el adulto joven.

El rechinar de dientes o bruxismo

Se debe a movimientos de la mandíbula que dan lugar a un roce de los dientes de abajo con los de arriba y a su desgaste progresivo. Hay que proteger los dientes mediante un protector bucal parecido al de los boxeadores.

Los movimientos rítmicos del sueño

Son propios de los niños pequeños y se inician antes de cumplir el año. El niño balancea todo el cuerpo o solamente la cabeza, como para mecerse y calmar sus inquietudes (especialmente, inquietud por la separación); a veces, se golpea la cabeza contra la cama y puede hacerse daño. El fenómeno es tan corriente que todos los fabricantes de ropa de cama para niños venden protecciones de espuma para poner alrededor de la cama y evitar los traumatismos. Si los movimientos son demasiado bruscos y el niño se hace heridas a pesar de la protección, se aconseja colocarle un casco. Estos movimientos rítmicos desaparecen a medida que el niño crece; es raro que persistan en la adolescencia o más tarde. Si el trastorno es intenso y persistente, se necesitan calmantes.

LAS SORPRESAS DESAGRADABLES DEL SUEÑO LENTO Y PROFUNDO

Los problemas aparecen cuando el sueño profundo se interrumpe bruscamente, a menudo al principio o en mitad de la noche. Las manifestaciones son diferentes según el despertar sea completo o disociado.

La embriaguez del sueño o despertar confusional

El paso sin transición del sueño profundo al despertar es difícil y el sujeto necesita un momento para recuperar sus referencias. En este estado transitorio, parece perdido, como los que se encuentran en estado de ebriedad o en un estado confusional; puede decir o hacer cosas de forma automática y desprovista de sentido. Por molesto que pueda parecer este estado, es pasajero y carece de gravedad.

Si el despertar es incompleto o disociado, puede dar lugar a la emergencia de comportamientos visibles e impresionantes, como el sonambulismo o los terrores nocturnos.

El sonambulismo

El sujeto, generalmente un niño, se levanta y camina, con el rostro inexpresivo, o se mantiene sentado en el borde de la cama. Este trastorno se presenta de manera ocasional en el 30 % de los niños y de forma más frecuente entre el 5 y el 15 %. A menudo tiene un carácter familiar. Por otra parte, hace poco se ha identificado un marcador genético. Su riesgo depende de la probabilidad de accidentes, que hay que intentar prevenir impidiendo la apertura de las ventanas, el acceso a las escaleras, las literas, los objetos que puedan romperse, etc. El problema desaparece en unos años y no tiene ningún significado especial. No obstante, si persiste en la edad adulta, hay que buscar un trastorno ansioso o un mal control emocional.

Los terrores nocturnos

Aparecen también al principio de la noche. El niño presenta una brusca agitación mientras duerme; se sienta o se levanta, se pone a llorar y a gritar, con aspecto aterrorizado, y no reconoce a nadie. Tiene las pupilas dilatadas, su corazón late muy deprisa y respira agitadamente. Al final del acceso, el niño se tiende y se queda dormido. Contrariamente a sus padres, no recuerda nada cuando despierta. En el niño, este trastorno no reviste ninguna gravedad y carece de significado especial; si persiste en la edad adulta, conviene evitar el alcohol y combatir la fiebre, si se presenta, ya que estos factores pueden favorecer los accesos.

EL SUEÑO PARADÓJICO, EN EL QUE TODO ES POSIBLE

Las pesadillas

No tienen nada de sorprendente, puesto que se trata del sueño en el que se sueña. Las pesadillas despiertan al sujeto con mayor frecuencia que los sueños agradables y suelen dejar un recuerdo; al despertar, el paciente siente todavía una sensación de amenaza, miedo, opresión, fracaso o humillación, etc. Las pesadillas predominan al final de la noche; se ven favorecidas por el estrés. Todo el mundo puede, a cualquier edad, tener una pesadilla de vez en cuando. Cuando las pesadillas son frecuentes, el sujeto termina por tener miedo de dormirse: debe sospecharse una personalidad débil.

El trastorno del comportamiento del sueño paradójico

Se trata de un trastorno raro cuya identificación es reciente; se remonta a 1987. En este trastorno, el paciente pierde la inhibición motriz del sueño paradójico y presenta comportamientos motores cuando sueña. Los hombres mayores son los que se ven afectados con mayor frecuencia; en ellos, hay que buscar una enfermedad vascular o degenerativa.

La parálisis del despertar

No es necesario ser narcoléptico para sufrirla. La experiencia es muy desagradable, sobre todo en los primeros accesos, en los que puede ser totalmente terrorífica. Es como si el sueño paradójico fuera interrumpido de forma disociada y persistiera su componente de «inhibición motriz» al despertar.

Todas estas parasomnias son, en general, benignas; sin embargo, las formas graves del niño y sobre todo del adulto merecen un tratamiento.

Capítulo 11

Ideas para los padres preocupados por el sueño de sus hijos

«Medidas sencillas, sentido común y un poco de firmeza bastan para resolver la inmensa mayoría de los trastornos del sueño del niño, porque corresponden a condicionamientos»,[1] aseguran dos de mis colegas. Y tienen razón. Pero hay que saber hacerlo correctamente.

LAS DIFICULTADES PARA ACOSTARLO

Pueden surgir precozmente y se deben al miedo causado por la separación. El niño se cae de sueño, pero, si está inquieto, intentará retrasar el momento de irse a la cama por todos los medios hasta topar con los límites de la paciencia de sus padres. Entonces puede presentar un comportamiento muy diferente según la persona que lo acuesta. Una mamá también muy inquieta ante la idea de «abandonar» a su bebé tiene todas las posibilidades de que el niño se aproveche de la situación. Una mamá tranquila, que sabe que le ha dado a su bebé todo lo que necesita, cuidados, tiempo, ternura y seguridad, puede, con toda tranquilidad, dedicarse a otras tareas y pasar de su papel de madre al de mujer; su bebé será probablemente más fácil de acostar que el primero.

1. M. Thirion y M.-J. Challamel, *Le Sommeil, le rêve et l'enfant. De la naissance à l'adolescence*, Bibliothèque de la famille, Albin Michel.

Los pediatras recomiendan flexibilidad pero firmeza. Son buenos principios que hay que ser capaces de explicar, ya que algunos padres pueden necesitar ayuda para recuperar la calma necesaria para ponerlos en práctica.

Cuando esto no basta, pasar unos momentos meciendo la cuna, colocar suavemente una mano sobre el cuerpo del niño y pronunciar unas palabras tranquilizadoras con calma y sinceridad permiten que el niño recupere la confianza y se abandone al sueño. Incluso antes de que empiece a hablar, el niño es sensible al sonido de la voz de su madre y a su calma tranquilizadora. También detecta, evidentemente, la tensión de la que ella puede ser víctima. Es inútil esconderla, es inútil mentir y, sobre todo, nunca hay que olvidar decirle adiós si se sabe que se debe partir.

El acompañamiento durante la conciliación del sueño no debe ser sistemático; el niño debe aprender progresivamente a dormirse solo y a ser autónomo.

El mejor momento para meter al niño en la cama es cuando aparece el sueño; el niño se frota los ojos, es menos activo, bosteza y se chupa el dedo. Si no se acuesta en este momento, puede empezar a excitarse y después tener problemas para dormirse. Si los padres perciben estos signos y acuestan al niño en el momento adecuado, ir a la cama se hará de forma armoniosa, sin llantos ni oposición, y no habrá riesgo de condicionamiento negativo respecto a la hora de acostarse. Un objeto familiar, si es necesario impregnado con el olor de la madre, por ejemplo un fular, atenúa la angustia de la separación. Las costumbres estables y rituales son tranquilizadoras y desempeñan progresivamente el papel de señales que condicionan el adormecimiento, como en el adulto.

UN NIÑO QUE CONTINÚA HACIÉNDOSE PIPÍ EN LA CAMA: LA ENURESIS

Cualquier consideración de tipo psicológico carece de sentido en el niño pequeño que todavía no controla sus micciones y que no se despierta cuando tiene la vejiga llena. Sólo entre los 2 y los 4 años, el niño adquiere estos reflejos y puede acceder a la higiene nocturna; a veces, la maduración de los centros nerviosos es más tardía y el niño se orina en la cama durante un poco más de tiempo. En este caso, los padres deben ser pacientes y tranquilizarle, aunque esto les complique la vida con coladas, dificultades de organización para las vacaciones, estancias fuera de casa, etc. Para el niño es todavía peor porque para él no se trata de aceptar un cambio de pijama, sino que se encuentra diferente, marginado y a veces tiene que soportar las burlas de unos compañeros poco caritativos. Los padres deben reconfortarlo y darle confianza.

Que los padres se tranquilicen: su hijo no es el único caso; en Francia, 400.000 niños de 5 a 10 años presentan una enuresis primaria. ¡Que no se sientan culpables! Que no vean problemas psicológicos donde no los hay en su origen, pues de esta manera el niño se aprovechará y terminará convirtiendo su enuresis simple en una herramienta para expresar su oposición. Al contrario, hay que darle al niño la tranquilidad necesaria para que mantenga la confianza en sí mismo. También hay que motivarlo para que se controle en cuanto tenga la posibilidad. Se le puede ayudar con medios sencillos, como disminuir las bebidas al final del día, hacerle orinar justo antes de acostarlo, suprimir los pañales, valorizar sus éxitos y, si es necesario, darle un medicamento por la noche para disminuir el volumen urinario nocturno (desmopresina).

En resumen, conviene evitar el sentimiento de culpa innecesario de un niño que no lo hace a propósito y corre el riesgo de encontrarse desamparado ante la incomprensión de su entorno, y de unos padres que podrían tener sensación de fracaso en sus esfuerzos educativos.

Sólo está indicado un estudio urológico si se sospecha un trastorno orgánico; en este caso, el niño continúa orinándose también de día.

En caso de enuresis secundaria, en un niño que ya no se orinaba encima pero de repente vuelve a hacerse pipí en la cama, hay que buscar un hecho desencadenante, como el nacimiento de un hermanito, una enfermedad, una separación o cualquier cosa que haya podido agredirlo. Si la actitud paciente de la familia no basta para que el niño deje de orinarse, no hay que dudar en recurrir a una ayuda exterior, en la consulta del pediatra, el psicólogo o el psiquiatra infantil, si es necesario. Hay que tener en cuenta la motivación del niño y, a partir de ahí, responsabilizarlo sobre la base de las consecuencias que sufre y las ventajas de las que se beneficiaría si la situación cambiara.

¿LOS NIÑOS SUEÑAN?

«Son los sueños, son los sueños los que hacen crecer a los niños», dice Anne Sylvestre en una de sus deliciosas cancioncillas. Los recién nacidos tienen mucho sueño agitado (considerado como el precursor del sueño paradójico). ¿Indica esto que sueñan?

En cuanto el niño empieza a poder contar sus sueños, hacia los 5 años, ya no puede haber dudas sobre el tema. *Hay que consultarlo con la almohada,* como dice el refrán, y probablemente soñar permite al niño resolver los problemas y los conflictos de la jornada.

En cuanto a las pesadillas, representarían un fracaso parcial de esta función.

UN NIÑO QUE SE BALANCEA EN LA CAMA AL DORMIRSE

Los padres pueden estar tranquilos también en este caso, ya que no es inquietante, aunque sea espectacular y ruidoso; basta con esperar que desaparezca espontáneamente. Si los movimientos son lo bastante importantes para que el niño corra el riesgo de hacerse daño, lo mejor es colocar una protección alrededor de la cama y sujetarla bien para que no se desplace por la habitación, con el correspondiente ruido.

Los movimientos rítmicos del sueño empiezan entre los 6 y los 18 meses; predominan en los varones; los episodios tienen una duración variable, que puede llegar a una hora. En general, desaparecen hacia los 4 años; no existe ninguna enfermedad subyacente particular (no tiene nada que ver con el balanceo de la vigilia de los niños autistas). A menudo se emite la hipótesis de que el niño se mece por su cuenta, para que los movimientos le ayuden a relajarse. Si los signos persisten, conviene sospechar la existencia de ansiedad.

Un niño que nos despierta con sus gritos repentinos o que se levanta en pleno sueño

En el sueño profundo del inicio o de la mitad de la noche, el niño se pone a gritar y se sienta en la cama con los ojos abiertos e inexpresivos. Suda, respira de forma agitada, su corazón se sale del pecho. Padece un terror nocturno. Si nos acercamos a él para calmarlo, se agita todavía más e intenta huir. El episodio dura unos minutos, después el niño se tranquiliza y se duerme espontáneamente.

Estas manifestaciones empiezan entre los 3 y los 6 años y desaparecen generalmente en la pubertad.

Los accesos de sonambulismo también se presentan durante la primera parte de la noche; como en los terrores nocturnos, se manifiestan después de un despertar incompleto en el sueño lento y profundo. El fenómeno es banal, puesto que afecta a una parte importante de los niños, al menos de forma ocasional. Es más frecuente en los niños que en las niñas. Es inútil describirlo, el sonambulismo es conocido por todos, con su deambulación y sus actividades automáticas más o menos adecuadas. Como hemos visto, hay que proteger al niño de las caídas y roturas de objetos frágiles. Se deja conducir dócilmente hacia la cama sin que sea necesario despertarlo.

Corren leyendas extrañas sobre lo que puede ocurrir si se despierta a un niño en medio de un acceso. En realidad, simplemente puede tener miedo o presentar un despertar confusional. Terrores nocturnos y sonambulismo pueden combinarse en accesos mixtos, impresionantes. En todos los casos, hay que procurar que el niño no duerma demasiado poco y dejar que haga la siesta si lo necesita. Su primer sueño de la noche será entonces menos profundo y la probabilidad de padecer estos accesos será menor.

El niño puede presentar sacudidas musculares al conciliar el sueño, especialmente durante las primeras semanas de vida. Los padres que han tenido un hijo que haya sufrido convulsiones pueden inquietarse. Pero lo más frecuente es que se trate de un fenómeno banal que disminuye con rapidez. Puede practicarse un EEG para salir de dudas si los padres están demasiado ansiosos.

En todos los casos, tanto si la causa es médica como psicológica, generalmente benigna, los padres deben mantener la calma y procurar no poner en peligro el equilibrio del funcionamiento familiar. Si no lo consiguen solos, no deben dudar en solicitar consejo a una persona exterior: toda la familia se verá beneficiada. Los problemas se solucionan con mucha rapidez si no se permite que se establezcan y modifiquen poco a poco la dinámica familiar.

EL MIEDO A LA MUERTE SÚBITA INOPINADA DEL LACTANTE

Morir durmiendo puede ocurrir a cualquier edad. En el bebé, esta eventualidad adquiere un carácter especialmente dramático. Uno o dos niños de cada mil mueren así cada año en nuestras tierras. El riesgo es máximo entre el segundo y el sexto mes de vida, ya sea al final de la noche, ya sea durante la siesta. Una vez más, los varones están más expuestos a este tipo de muerte que las niñas.

Los bebés de bajo peso al nacer y de madres muy jóvenes se ven más afectados. Un entorno socioeconómico desfavorecido empeora el riesgo. En Estados Unidos, los estudios han demostrado que la muerte súbita del lactante es más frecuente entre los negros pobres que en el resto de la población.

¿Qué hay que hacer para evitar el drama?

- Acostumbrar al bebé a un ritmo de vida regular y, sobre todo, evitar que duerma demasiado poco, lo cual haría más profundo su sueño y le impediría despertarse cuando es necesario. En efecto, se propone la hipótesis de un sueño demasiado profundo en los bebés de riesgo.
- Acostar al bebé boca arriba y no boca abajo.
- No ponerle ni almohada ni edredón y cubrirle razonablemente.
- No fumar en su habitación.
- Mantener la temperatura entre 18 y 20 °C y humidificar el aire si es necesario.
- No dejar a su alcance ningún objeto que pueda impedirle la respiración.
- Pensar en despejarle la nariz lavándola con suero fisiológico, sobre todo si está resfriado.

• Evitar los alimentos que provocan reflujo y conceder al bebé un poco de tiempo entre el final del biberón y la hora de acostarlo.

¿ANTE QUÉ SIGNOS HAY QUE CONSULTAR?

Un niño que se pone pálido o azul cuando duerme, que parece dejar de respirar, que suda de forma exagerada o ronca cuando no está resfriado debe ser examinado por un pediatra. Se realizará entonces un estudio para descartar los factores de riesgo y se establecerá una vigilancia clínica. Las monitorizaciones aparatosas son ahora excepcionales.

Fuera de estas circunstancias y respetando las reglas anteriores, sólo le queda tener confianza en la fuerza vital de su hijo y dormir bien usted mismo.

Por otra parte, un bebé puede tener todo tipo de razones para dormir mal: regurgitaciones, un reflujo gastroesofágico, una infección ORL, una obstrucción de las vías respiratorias, cólicos, una alergia a la leche de vaca, etc. También puede, como el adulto, presentar un insomnio condicionado por la actitud de los padres: un bebé al que se da un biberón en cuanto se despierta y que, por ello, recibe demasiada leche durante la noche (un bebé que llora no siempre es un bebé que tiene hambre, aunque, por costumbre, acepte comer); un bebé que duerme en contacto con su madre y se despierta con mayor frecuencia que los demás; un bebé al que se acuesta demasiado deprisa, sin el ritual afectuoso y tranquilizador que necesita en ese momento de separación más que en cualquier otro momento, etc.

¿CÓMO AYUDAR A LOS NIÑOS A ENFRENTARSE AL INICIO DEL CURSO?

Unas observaciones más ligeras para cerrar el capítulo.

Las vacaciones han terminado; hay que pensar en el inicio del curso. Pequeños y mayores habían cogido el ritmo de las vacaciones: acostarse y levantarse tarde. Pero el día del inicio del curso hay que estar listo a la hora para ir a la escuela; incluso es preferible no tener sueño. Para ello, es necesario haber dormido lo suficiente cuando llegue la hora de levantarse.

Pero, por la noche, es imposible acostarse temprano, nadie tiene sueño; ¿qué hacer? Lo más inteligente es anticiparse y regresar progresivamente a los horarios habituales de levantarse y acostarse. La hora de levantarse, punto de fijación del reloj interno, debe avanzarse un cuarto de hora cada día, o por grupos de dos días, si es posible. La pequeña deuda de sueño que esto ocasiona facilitará de forma natural el avance de la hora de acostarse. Las ocupaciones del anochecer deben ser tranquilas; hay que acabar con los estimulantes juegos del escondite nocturnos hasta las próximas vacaciones. Por la mañana, un desayuno sólido con una buena iluminación ayudará a los niños a ponerse a tono. No hay nada más importante para ellos que empezar con buen pie el año escolar. Es el mejor aprendizaje de la vida social.

En caso de pasar las vacaciones en un país lejano, con desfase horario, sería también inteligente no regresar en el último momento, aunque para ello haya que acortar la estancia.

Capítulo 12

Los tratamientos

LAS OPINIONES, LOS CONSEJOS Y LAS TRADICIONES

Sobre el sueño, existe gran cantidad de prejuicios. Especialmente en los trucos para dormir bien. He aquí un florilegio no exhaustivo. Con ideas que se pueden seguir y otras que hay que evitar.

DE TIPO POPULAR

Beber un vaso de leche. Están los partidarios de la leche caliente y los partidarios de la leche fría. En realidad, la leche como tal no ayuda a dormir, pero si se proyecta sobre ella un valor afectivo que recuerda la infancia, por ejemplo, ¿por qué privarse de ella?

No colocar la cabecera de la cama orientada al norte. ¡Pero cuando se pierde el sueño, se pierde el norte! Tampoco en este caso nada permite creer que los puntos cardinales tengan una influencia sobre la manera de dormir.

Pintar el dormitorio de verde, un color calmante. Por qué no, pero no hay nada seguro.

¡Contar ovejitas! Los anglosajones las cuentan en inglés, los italianos en italiano; todo el mundo «sabe» que para dormirse hay que contar los apacibles rebaños de Morfeo. La idea quizá no es tan descabellada como parece, puesto que la encontramos en diversas culturas y se perpetúa de generación en generación. Reúne los métodos de visualización utilizados por los que practican la sofrología o ciertas formas de hipnosis.

DE TIPO «DIFÍCIL DE PONER EN PRÁCTICA»

Relajarse, no pensar en las preocupaciones por la noche: ¡es como decirle a alguien en pleno arrebato de cólera que se tranquilice!

Hacer el amor, sí, pero a condición de que la cosa salga bien. Cuando existen problemas de sueño, puede que se tengan menos ganas, que el rendimiento sexual disminuya, que sea poco satisfactorio, entonces, ¿qué hacer? ¿Y si uno está solo?

DE TIPO POCO ASTUTO

Acostarse temprano y escrupulosamente a la misma hora... ¡cuando en realidad lo que cuenta es la hora de levantarse!

DE TIPO COMERCIAL

Utilizar esta o aquella cama, colchón o almohada, a cuál mejor «estudiado». Pero quien dice «estudiado» dice caro y no forzosamente eficaz. Los consejeros no son los que pagan.

DE TIPO IRRACIONAL

Hacer circular la energía, a la manera asiática. Pero ¿de qué energía se trata?

No poner aparatos eléctricos en el dormitorio: ¿acaso los campos eléctricos y magnéticos son contrarios al sueño? ¡Una afirmación que no se basa en ninguna prueba científica!

DE TIPO «ENGAÑABOBOS»

Consultar al gurú o al vendedor de amuletos con poderes misteriosos, cuya dirección circula en secreto. Conozco a más de una persona sensata que me ha confesado haber cedido a la atracción un poco turbia de esta magia; evidentemente, sin ningún resultado.

A todos los que dan consejos habría que recordarles dos grandes principios: nada de recetas válidas para todos, ¡y, sobre todo, nada de tratamientos sin consulta médica!

¿Es el carácter impenetrable del sueño lo que induce todas estas creencias y permite la adhesión a métodos tan irracionales? «Creed y podréis», decía un discípulo de Mesmer, famoso magnetizador de los tiempos de Luis XVI[1] y charlatán de talento. Se hipnotizaba haciendo circular el «magnetismo animal» alrededor de un recipiente lleno de agua, que contribuía a la escenificación. Era una versión occidental de prácticas indias emparentadas con el chamanismo, y «la energía» que hacen circular los chamanes se parece mucho al magnetismo animal de Mesmer. Los más aptos para dejarse sugestionar y obedecer las órdenes terminantes a veces tenían la suerte de ver disminuir sus síntomas, con lo cual creían todavía más. El vacío médico de la época dejaba la mejor parte a los charlatanes, así pues, no hay que censurar a los que los consultaban, a falta de algo mejor. Conviene no olvidar que el mesmerismo fue condenado, pues los expertos de la época ya consideraban que las curaciones sólo se debían a la imaginación, un eufemismo para designar la impostura. La sugestión acompañada de una buena dosis de misterio y de intimidación eran las herramientas de estos prácticos, que tuvieron su momento de gloria. Pero no nos equivoquemos, la sugestión todavía se utiliza en nuestros días, aunque más discretamente.

En materia de sueño, es fácil caer en la tentación de confundir hipnosis y sueño. La hipnosis induce un estado modificado de conciencia, o «trance hipnótico», que no es sueño, aunque toma prestado el nombre de Hipnos, el dios del sueño de la mitología

---

1. J. Quelet y O. Perrot, *Hypnose-Techniques et applications thérapeutiques*, Ellébore.

griega y hermano gemelo de Tánatos, el dios de la muerte. Por otra parte, llamamos hipnóticos a los medicamentos inductores del sueño. Hipnosis, hipnótico, etc., la coincidencia etimológica no debe inducir a una confusión de conceptos.

Cuando se habla de principios hipnógenos, en experimentación animal, se está hablando del sueño. Así pues, si se impide a un conejo que duerma y se le sacan muestras de sangre, se puede provocar el sueño en un segundo conejo al que se inyecta el suero del primero. La privación de sueño ha suscitado la aparición de un principio activo capaz de generar el sueño. Una razón más para prolongar el tiempo de vigilia en el tratamiento del insomnio, a riesgo de crear una falta de sueño controlada.

Muchos insomnes piensan, por homofonía, que la hipnosis cura los trastornos del sueño. Pero éste no es su objetivo, aunque algunos hipnoterapeutas lo utilizan con éxito en esta indicación.

Hay que mencionar también la representación que se hacen algunos de las «curas de sueño», cuyo propósito no ha sido nunca curar los trastornos del sueño. De nada sirve soñar: los problemas no se resolverán solos durante un sueño inducido por medicamentos. No obstante, muchas personas que sueñan con dormir ponen sus esperanzas en estos métodos y también muchas personas solicitan su prescripción médica, que sería una garantía de seriedad a sus ojos. Estas prácticas, beneficiosas para algunos, no forman parte del arsenal terapéutico habitualmente utilizado o recomendado por los especialistas del sueño. Médicos e investigadores desconfían de las prácticas que se parecen poco o mucho al mesmerismo y cuya técnica se basa en el conocimiento de las debilidades humanas más que en los datos de la ciencia. Porque nuestros compinches son psicólogos tan finos como excelentes hombres de negocios.

Finalmente, es útil recordar que los médicos del sueño no tendrían razón de ser si los resultados de las medicinas paralelas fueran fiables y duraderos. Pero se les solicita más allá de su capacidad de responder, aunque no sea siempre como primera intención.

¿Qué hacer entonces cuando las cosas no se arreglan? Después de la espera pasiva o ante la ausencia de resultados de los métodos ya utilizados, hay que cambiar de enfoque y decidirse a iniciar un tratamiento. Para el sueño, más que para otra disciplina, se requiere un abordaje global, médico y psicológico. Lo que constituye la fuerza de los servicios especializados es la multidisciplinariedad de sus equipos, constituidos por clínicos de disciplinas diversas e investigadores. En las sesiones de discusión de casos o en las consultas multidisciplinarias, los diferentes participantes construyen juntos un proyecto terapéutico adaptado al trastorno de cada uno, ya sea puramente orgánico, psicológico o mixto.

No basta con limitarse a tratar las apneas del sueño de la señora Y. o el insomnio del señor X.; es necesario hacerse cargo de la señora Y. o del señor X. con sus síntomas, en el contexto de su historia y sus condiciones de vida. En efecto, ¿qué le ocurrirá a la señora Y. si conseguimos reducir sus apneas sin que haya aceptado la herramienta terapéutica que ha permitido obtener este resultado? Al primer instante de duda, lo abandonará todo y regresará a sus síntomas, desmotivada, culpabilizada y quizá deprimida.

Así pues, ¿no es mejor consultar primero al médico de familia? Él es el que ve con mayor frecuencia a sus pacientes, conoce su historial y sus enfermedades, ha tenido ocasión de ver su ámbito de vida, de observar el funcionamiento familiar, de recoger confidencias, etc. Si bien no es especialista en ningún campo, su fuerza es precisamente ser un «omnimédico» que mira y escucha. Si conviene ir más lejos, él sabrá remitirlos a sus colegas especializados. Su papel debería ser ante todo educativo, es decir, preventivo.

¿QUÉ MEDIOS TERAPÉUTICOS EXISTEN CONTRA EL INSOMNIO?

LAS MEDIDAS COMPORTAMENTALES, A TÍTULO PREVENTIVO O CURATIVO

Tanto el médico general como el especialista son los encargados de darlas a conocer, siempre que lo consideren útil. También se puede imaginar este tipo de educación en la escuela, lo cual raramente se hace.[2]

2. Un colega del sur de Francia, el doctor E. Mullens, se dedicó a esta tarea. ¿Acaso son más inteligentes bajo el sol del Midi?

Las medidas comportamentales se basan en unos grandes principios impuestos por la psicología del sueño. A riesgo de contrariar a algunos lectores, hay que decir lisa y llanamente que la reducción del tiempo pasado en la cama y, si es necesario, la restricción del tiempo de sueño son la clave de la eficacia del sueño y de la satisfacción de un sueño recuperado. Las reglas de higiene del sueño, o costumbres de vida compatibles con un buen sueño, se desprenden en gran medida del sentido común y todas tienden hacia un mejor contraste día-noche, hacia un mejor contraste vigilia-sueño.

Más allá se sitúan las medidas llamadas «cognitivas», que se dirigen al ámbito del pensamiento y que se pueden asociar a medidas dirigidas a los comportamientos visibles; pertenecen al campo de las «terapias cognitivo-comportamentales» más especializadas.

Esto es lo que habría que saber hacer o saber evitar:

Los comportamientos que hay que evitar

- Acostarse antes de tener sueño.
- Obstinarse en permanecer en la cama si no se duerme, tanto si es al principio como en el medio o al final de la noche. Este consejo puede pillar desprevenidas a las personas que tienen problemas para llenar sus jornadas; no debe darse de forma demasiado brusca.
- Hacer la siesta, sobre todo si es larga y se hace en la cama.
- Tomar diariamente una cena copiosa o acompañada de alcohol (es mejor reservar los placeres de la mesa para los días de fiesta).
- No cenar nada con el pretexto de que «quien duerme cena». En realidad, la expresión viene de la época en que los posaderos rurales exigían a sus huéspedes que cenaran en sus hostales si querían una cama, pues la cena les resultaba más rentable que el hospedaje. Así pues, conviene evitar el frecuente contrasentido que da a entender que el sueño sustituye a la comida. De hecho, un organismo en ayunas está despierto, al acecho; así pues, el ayuno no prepara para el sueño.

- Consumir bebidas estimulantes, por gusto o para disponer de más tiempo por la noche. No es posible conciliar estimulación y sueño.
- Calentarse el cuerpo antes de acostarse mediante la práctica de un deporte intenso con el pretexto de cansarse o tomando un baño caliente, ya que el sueño sólo se establece cuando baja la temperatura del cuerpo.
- Calentarse la mente intentando resolver por la noche problemas demasiado arduos. Excepto en casos de urgencia real, sería más inteligente dedicarse a ello por la mañana, con la mente clara y después de una buena noche de sueño.
- Tomar medicamentos para dormir sin prescripción médica; incluso se desaconseja intensamente tomar de forma regular los que son de venta libre más allá de unos días. El nombre de estos medicamentos es a veces muy sugerente. Un nombre que parece una promesa de sueño constituye una verdadera incitación al consumo. Conviene saber respetar las reglas de los tratamientos razonables y no ceder al canto de las sirenas, si no se quiere caer en la trampa de la dependencia.
- Jugar con el sueño o creer que nos lo podemos saltar; hemos visto lo que les ocurre a los que tienen horarios atípicos durante demasiado tiempo, impuestos por el trabajo. ¿Por qué correr el mismo riesgo si no se está obligado?

Los comportamientos que hay que adoptar

- Llevar un ritmo de vida regular, sobre todo para la hora de levantarse, aunque nos hayamos ido a dormir tarde la noche anterior.
- Comer a horas regulares.
- Permanecer activo y prever tareas programadas para marcar las jornadas. Para ello, nada mejor que las actividades en grupo o entre amigos, sobre todo cuando se pasa de la «vida activa» a la jubilación, una nueva etapa que no debe constituir una ruptura demasiado brusca del ritmo y menos todavía un periodo de «reposo», por merecido que sea. Cuerpo y mente

deben permanecer activos a toda costa. ¡Un músculo inactivo se atrofia y una mente ociosa se deteriora! En cambio, darse el gusto de dedicarse al fin a lo que no se ha tenido tiempo de hacer hasta el momento, redistribuir la energía en nuevas actividades, aprender a hacer de abuelos o ponernos a estudiar según las aficiones y las circunstancias, etc., es una oportunidad si se sabe aprovechar.

- Dedicar un tiempo a la relajación antes de acostarse, después de una cena ligera y sin alcohol a diario.
- Ritualizar los hábitos de irse a la cama según el propio gusto, de la tisana al sexo.
- Asegurarse una comodidad suficiente en un entorno adecuado.
- Reservar la cama para dormir y para la noche. *Noche*, *Cama* y *Sueño* tendrían que ser como los tres mosqueteros, unidos en la vida y en la muerte, y aceptando sólo como cuarto mosquetero a la *Sexualidad*. El NCSS podría convertirse en el QED* del sueño. Este principio nos haría recuperar el ritmo de las estaciones, con un sueño corto en verano y más largo en invierno.
- Aprovechar el sol y la luz del día y dejar a la noche el papel de albergar el sueño.
- Último consejo y no el menos importante: ¡aceptar sin dramas la idea de una mala noche ocasional!

El hecho de integrar estas reglas a los hábitos cotidianos es más fácil de forma preventiva, cuando los trastornos todavía no se han establecido, que de forma curativa. Todos los equipos del sueño han puesto a prueba su eficacia a lo largo de los años y las han adoptado de común acuerdo. Sin embargo, no constituyen, por sí solas, una vacuna garantizada contra el insomnio.

Para los insomnes declarados, a título curativo, las exigencias son más estrictas que para todos los demás, y a ellos les resultan más difíciles de poner en práctica. Modificar el comportamiento es un verdadero esfuerzo, pero un esfuerzo saludable. La toma de conciencia es beneficiosa en sí misma; constituye, además, un

---

* *Quod erat demostrandum.* (*N. de la t.*)

coadyuvante indispensable de las otras herramientas terapéuticas. En presencia de una enfermedad orgánica, por ejemplo una apnea del sueño, las medidas comportamentales no son adecuadas, aunque esto no es una razón para que los apneicos ignoren estas reglas elementales y dejen de aplicarlas.

Un paciente al que explicaba estas reglas y sus razones me dijo un día que ya las había aplicado sin éxito; acostarse más tarde y levantarse cuando se despertaba por la noche sólo había conseguido aumentar su cansancio. Por lo tanto, las había abandonado rápidamente y, ante el fracaso de sus esfuerzos, no quería volver a oír hablar de ellas. No le habían dicho que hay que hacer las cosas progresivamente, que los inicios pueden ser difíciles y que incluso podía presentar un empeoramiento pasajero. Cambiar de hábitos constituye un estrés suplementario. Los beneficios no se presentan hasta más tarde, una vez adoptadas y asumidas las nuevas costumbres. Para cosechar mañana, hay que tomarse la molestia de sembrar hoy.

LOS MEDICAMENTOS PARA EL SUEÑO, SÍ, PERO...

Hay que tener el valor de denunciar dos actitudes extremas, y tan absurda a una como la otra, referentes a los medicamentos. La primera consiste en diabolizarlos y la segunda en consumirlos en exceso de forma irresponsable. Jean-Pierre Changeux, uno de nuestros eminentes especialistas en neurociencias, denuncia esta última aberración: «Después de haber devastado la naturaleza que lo rodea, ¿acaso el ser humano pretende devastar su propio cerebro? Una sola cifra muestra la urgencia del problema, la del consumo de unos de los medicamentos más vendidos del mundo, las benzodiacepinas [...]. Calman la angustia y ayudan a dormir. Cada año se venden en Francia siete millones de cajas [...]. Un adulto de cada cuatro se "tranquiliza" químicamente. ¿Acaso el ser humano moderno tiene que dormir para soportar los efectos de un entorno que él mismo ha producido?».[3]

3. J.-P. Changeux, *L'Homme neuronal*, Hachette Littérature, col. Pluriel Sciences (trad. cast.: *El hombre neuronal*, Madrid, Espasa-Calpe, 1985).

Ha llegado el momento de dejar de hacer las cosas de cualquier manera. No se trata aquí de dedicarse a solucionar los problemas del medio ambiente, sino de reflexionar sobre una actitud ponderada y razonable de hacer frente a los trastornos del sueño.

El médico de familia está en condiciones de prescribir medicamentos para el sueño, a condición de que se atenga a las buenas prácticas y obtenga resultados satisfactorios en un plazo adecuado. En caso contrario, debe orientar a su paciente hacia un especialista.

No hablaremos de todo aquello que puede comprarse libremente en la farmacia o en la herboristería; todo el mundo puede probarlo y verificar su eficacia por sí mismo. Algunos productos hechos con plantas, o fitoterapia, contienen auténticos principios activos, pero en cantidades claramente menores que los medicamentos llamados alopáticos, por lo tanto generalmente no son peligrosos. Sin embargo, en caso de asociación con medicamentos alopáticos, el riesgo de sobredosis no puede descartarse. Estos productos pueden producir una habituación capaz de llegar hasta la dependencia psicológica. La pasiflora, la valeriana y el hipérico crecen en el jardín del sueño, al claro de luna y las estrellas, de cuyo espectáculo le privan sumergiéndole, a usted, insomne ligero, en el sueño. ¿Le basta la tranquilizadora tila para dormir? Sobre todo, no la cambie. Pero cuidado con un medicamento llamado doxilamina, de venta libre; es un auténtico medicamento y, por lo tanto, no hay que abusar de él.

Un gran principio respecto a los medicamentos que se venden con receta médica: cualquier tratamiento medicamentoso debe tener un inicio y un fin. Sin un final programado, los tratamientos se eternizan, porque siempre se encuentra un médico que renueva la receta. Un tratamiento sin final es como una condena a cadena perpetua, condena a la habituación y a la dependencia, dos procesos que se mantienen uno al otro, en detrimento del que toma el producto. Esto es cierto para todos los medicamentos que dan lugar a habituación, especialmente los tranquilizantes y los somníferos. Por eso, existen unas reglas que limitan su prescripción. Por eso, una receta de somnífero tiene una duración de un mes y no es renovable. Por eso, una receta de tranquilizante tiene una duración de tres meses.

Una prescripción sin final puede dar lugar a historias que acaben mal, como ésta.

El señor A. ha sido sometido a una intervención quirúrgica y, para ayudarlo a superar el postoperatorio doloroso y permitirle que duerma un poco, le han dado un somnífero por la noche, como es costumbre, además de los analgésicos. La semana de hospitalización se acaba y se prepara el alta. En el informe, la receta de salida repite las prescripciones que se encuentran en las órdenes médicas hospitalarias. El seguimiento operatorio ha sido sencillo y todo parece ir bien. El señor A. respeta las consignas y continúa tomando su somnífero, pues nadie le ha dicho que lo suspenda. Cuando se termina la validez de la prescripción, descubre las amarguras del rebote en forma de insomnio debido a la supresión brusca de los somníferos. Acude a su médico de familia, que se lo vuelve a recetar «para un mes de sueño». Es inútil ir más lejos, el argumento está claro y la continuación es fácil de adivinar. El señor A. necesitará dos años para descubrir la existencia de la medicina del sueño y decidirse a consultar. Ha podido dejar el medicamento, pero sólo después de largas semanas de esfuerzo. El señor A. ha tenido tiempo de perder la confianza en su sueño, que se ha debilitado.

Un tratamiento para cada tipo de insomnio

Un trastorno de la conciliación del sueño, o dificultad para conciliar el sueño, se observa con frecuencia en los ansiosos, que se dividen en dos grupos:

- Los que los médicos del sueño no ven porque solucionan su problema con plantas, relajación, acupuntura, aromaterapia, etc., o su buena naturaleza.
- Los que llegan a la consulta especializada con la lista de todo lo que han probado sin éxito y ponen todas sus esperanzas en este último recurso. Los tranquilizantes se les distribuyen generosamente porque son eficaces, al menos al principio, y proporcionan un bienestar muy apreciado, que se debe, por

una parte, a la disminución de la tensión ansiosa y, por otra parte, a un efecto de amnesia que borra las pequeñas alteraciones nocturnas de la memoria del durmiente. De ahí la tentación de prolongar esta comodidad y continuar el tratamiento con riesgo de caer en la dependencia.

Cuando el efecto disminuye, con frecuencia el tranquilizante se sustituye por un somnífero, que a su vez se volverá progresivamente menos activo, pero se continuará tomando, tanto por su efecto placebo como para evitar el rebote del insomnio. Recordemos que *placebo* es una palabra latina que significa «gustaré», del verbo *placere* («gustar, agradar»). Los médicos ingleses adoptaron este término a finales del siglo XVIII; actualmente, designa una sustancia sin principio activo pero que tiene un efecto psicológico tranquilizador. Un día, uno de mis pacientes, manifiestamente buen latinista, leyó el prospecto de un medicamento, especialmente la lista de efectos secundarios, y me preguntó si corría el riesgo de padecer un «efecto nocebo», juicioso neologismo creado a partir del verbo latino *nocere* («dañar») y el modelo de placebo. Atención, pues, a no caer en la trampa de los efectos psicológicos inducidos; ¡si se centra demasiado la atención en los efectos indeseables, es posible terminar por autosugestionarse y experimentarlos!

En todos los casos, es mejor sustituir un medicamento por otro antes que asociarlos, prolongando indefinidamente las recetas. Todavía sería mejor intentar, fuera del periodo agudo, crear «ventanas terapéuticas» entre dos prescripciones y dar a los pacientes una oportunidad de suspender el medicamento en este momento. Asociar medicamentos da lugar a habituación, acumula los efectos secundarios y poco a poco se pierden los efectos iniciales.

El otro peligro reside en la tentación de aumentar la dosis para conseguir un efecto constante. Entonces, resulta cada vez más difícil despertar y la somnolencia matinal cada vez tarda más en desaparecer. Esto ocurre especialmente a medida que avanza la edad, sobre todo si existe una insuficiencia renal que frena la eliminación de los medicamentos y favorece su acumulación. Cada medicamento tiene un tiempo de acción relacionado con la velocidad de eliminación, lo cual remite al concepto de «semivida».[4] Para los somníferos más corrientes, este tiempo varía entre 3 y 8 horas. Es más largo para la mayoría de tranquilizantes. Cuanto más prolongado sea este tiempo, más difícil puede resultar ponerse en marcha a la mañana siguiente, sobre todo si se toma o se vuelve a tomar a una hora tardía. ¡Así pues, nada de somníferos en mitad de la noche!

Estos medicamentos actúan sobre el grado de vigilia que contribuyen a disminuir debido a su efecto sedante directo o debido a la atenuación de la ansiedad; abren así la puerta al sueño y permiten el adormecimiento. Desempeñan el papel de tapadera en la olla de la hipervigilia ansiosa. Pero si la cosa hierve demasiado fuerte dentro de la olla, al cabo de un tiempo, la vigilia vuelve a tomar ventaja y provoca el despertar nocturno.

Después de este juicio, también debemos rehabilitar a estos medicamentos, con demasiada frecuencia diabolizados erróneamente. Los medios de comunicación han esgrimido con rapidez el espectro de los trastornos de la memoria que a menudo se les imputan. En realidad, no dormir es mucho más perjudicial para la memoria que tomar ocasionalmente un somnífero. Por lo tanto, sería absurdo privarse de ello. Los somníferos están indicados en el insomnio reciente u ocasional, en un tratamiento de duración limitada. En este caso, su papel es decisivo para evitar el paso del insomnio agudo al insomnio crónico. Actualmente, se prescriben cada vez más para tomas ocasionales manejadas por el propio paciente insomne, para evitar que acumule demasiado cansancio o para asegurar una buena noche si los imperativos del día siguiente lo justifican.

¡Un trastorno del mantenimiento del sueño y la situación se complica! Bajo este término de la jerga médica, se esconde el despertar nocturno, con o sin posibilidad de volver a dormirse. En estos casos, es fácil caer en la tentación de tomarse una pildorita en medio de la noche y entonces ¡adiós al despertar! El tratamiento requiere un análisis detallado del caso clínico. Según el caso, puede ser necesario recurrir a otro tipo de medicamentos; los más uti-

---

4. La semivida es el tiempo necesario para que se elimine la mitad de la cantidad introducida en el organismo.

lizados, en estas circunstancias, son los antidepresivos. Es sorprendente observar lo bien que se aceptan los tranquilizantes y los somníferos —a menudo incluso se solicitan—, y lo temidos que son los antidepresivos. El simple hecho de pronunciar la palabra suscita inquietud y negativa: «¡No estoy deprimido, me ve cansado porque dormí mal la noche pasada, pero aparte de esto todo va bien!». A lo que a veces se añaden unas lágrimas retenidas, prueba de que la indicación no era tan descabellada.

¿Por qué un antidepresivo? Algunos se recetan por su efecto secundario sedante utilizado intencionadamente por la noche, otros por sus efectos primarios sobre el estado de ánimo depresivo, si lo hay, y finalmente y sobre todo por su efecto directo sobre el mantenimiento del sueño o para facilitar la supresión de los tranquilizantes o los somníferos que se han vuelto ineficaces. ¿Ha oído hablar de la serotonina, un neurotransmisor implicado en numerosos sistemas de control del encéfalo y especialmente en el control del estado de ánimo, el control de la angustia y el del mantenimiento del sueño? Sin serotonina, no hay sueño, como muestran las experiencias de bloqueo de la síntesis de esta sustancia en el animal. Los antidepresivos son agonistas (lo contrario de antagonistas) de la serotonina. Debido a su mecanismo de acción, el efecto terapéutico se retrasa varias semanas. El tratamiento debe ser prolongado; es importante que los pacientes estén informados de ello. No se produce ni habituación ni dependencia con este tipo de medicamentos. Al contrario, los pacientes tienen tendencia a suspenderlos en cuanto empiezan a sentirse mejor y creer, equivocadamente, que ya no los necesitan. Con frecuencia, es demasiado pronto.

Como ocurre con cualquier sustancia activa, pueden presentarse efectos secundarios, en general benignos. La detención demasiado precoz del tratamiento es tanto más frecuente cuanto mayores son los efectos secundarios molestos que aparecen. Esto hace que tengamos que visitar de urgencia a pacientes que iban por buen camino y con los que se habría podido «negociar» un compromiso entre beneficios e inconvenientes. Una vez obtenidos los buenos resultados, es importante consolidarlos durante largos meses para que no reaparezcan los síntomas iniciales al suspender el tratamiento. En efecto, la reaparición de los signos después de una detención demasiado precoz del tratamiento podría hacer llegar a la conclusión equivocada de que se ha producido un estado de dependencia, cuando el médico había dicho lo contrario. La confianza del paciente podría entonces verse comprometida.

¡Los medicamentos no pueden resolver todos los problemas!

Los desfases son el mejor ejemplo de ello. El adormecimiento se produce demasiado temprano o demasiado tarde y el periodo de sueño invade o bien el anochecer, o bien el amanecer. En el peor de los casos, existe una inversión día-noche.

En las personas que tienen horarios de sueño desfasados, por propia voluntad o debido a imperativos externos, hay que actuar sobre el reloj interno para ayudarlas a ponerlo en su sitio. Disponemos de tres medios relacionados con el tiempo y la luz: la cronoterapia o modificación autoritaria de los horarios del sueño, la fototerapia, una forma médica de llamar a la terapéutica por la luz, y quizá muy pronto la melatonina,[5] un marcador hormonal de la noche, que todavía no está comercializado en Francia.

La luz es el agente natural más potente capaz de actuar sobre el reloj interno y, en consecuencia, sobre la alternancia vigilia-sueño en función del día y la noche. Tanto si somos trasnochadores como madrugadores, durmientes cortos o largos, estamos programados, con una diferencia de 2 o 3 horas, para dormir por la noche y estar activos de día. Cuando la luz se utiliza con fines terapéuticos, se habla de fototerapia o terapia por la luz.[6] La información lumino-

5. La melatonina es un neurotransmisor segregado por la epífisis (véase la nota 7) que regula la alternancia vigilia-sueño utilizando información lumínica proporcionada por las células de la retina. Es el marcador de la noche: su secreción tiene lugar durante el periodo oscuro de la noche y cesa con la salida del sol, y es este bloqueo lo que da la señal de despertar. Contribuye a resincronizar nuestro reloj interno día a día y según las variaciones estacionales.

6. Para los curiosos y los adeptos de la metrología, el lux es una unidad de iluminación que corresponde a un flujo luminoso de un lumen por metro cuadrado. Para la definición de lumen, le remito a sus diccionarios o sus libros de física.

sa recogida por la retina llega a la epífisis[7] y después al núcleo supraquiasmático, que actúa como reloj interno. La transmisión nerviosa y después la melatonina son los agentes de transmisión de la información luminosa. La melatonina, agente terapéutico potencial, es uno de los eslabones fisiológicos de la cadena de transmisión de esta información hacia la estructura blanca. La luz tiene, además, virtudes antidepresivas, corrientemente utilizadas por los psiquiatras.

Estos medios terapéuticos son de la misma naturaleza que los sincronizadores naturales, cuya acción refuerzan.

Según el momento en que se administre la luz, antes o después del mínimo térmico de las 5 de la madrugada,[8] es posible avanzar o retrasar el ajuste del reloj según el sentido del desfase que debe corregirse. Una iluminación intensa por la noche mantiene durante más tiempo la vigilia y aplaza el sueño; temprano por la mañana, permite avanzar el periodo horario de sueño y corregir un retraso de fase. En medio de la jornada, carece de efecto; su eficacia aumenta con la proximidad de la aplicación con respecto al mínimo térmico. Existen lámparas de fototerapia disponibles en el comercio, pero no las financia la Seguridad Social. No hay que hacerse falsas esperanzas, esta luz no pone moreno; en cambio, no es peligrosa para los ojos.

Cuando el retraso de fase es demasiado importante, la luz sola no basta. Hay que forzar el sistema mediante una cronoterapia, imponiendo los desfases, siempre en el sentido horario, es decir, exagerando el defecto en caso de retraso de fase. Jornadas de 26 horas, en lugar de 24, permiten colocarse de nuevo en fase en unos días; una vez alcanzado el objetivo, el mantenimiento de los resultados, basado en una hora fija de despertar, se verá facilitado por el empleo de la fototerapia.

Es una vida de locos que puede parecer muy divertida a los jóvenes; desfasarse dos horas cada día, ¡qué aventura! Pero no resul-

7. La epífisis o glándula pineal es una estructura del encéfalo situada en la parte superior del diencéfalo o, de forma más sencilla, en el centro de la caja craneana. El núcleo supraquiasmático, mencionado en el capítulo 1, hace las funciones de reloj interno.

8. Véase el capítulo 1.

ta tan divertido cuando hay que mantener el rumbo y levantarse a una hora fija, incluso los domingos y los días de fiesta, y sea cual sea la duración del sueño. La menor relajación y el reloj interno se desfasa de nuevo. Su inercia es grande; en consecuencia, los esfuerzos deben ser prolongados. Es ahí donde la determinación del sujeto adquiere todo su sentido y donde la luz muestra toda su eficacia.

Para los grandes viajeros que padecen el *jet lag,* el empleo asociado de melatonina y luz permite acortar el tiempo de adaptación; la melatonina, si se puede conseguir, debe utilizarse preferentemente cuando se pone el sol en el país de llegada y la exposición al sol por la mañana hará el resto. Conviene respetar un principio de precaución, dado el riesgo que tienen los productos naturales extraídos de cerebros de transmitir enfermedades por priones: sólo hay que utilizar melatonina de síntesis.

Las alternativas terapéuticas

Se dirigen al psiquismo y van de las esferas más superficiales a las más profundas. En superficie, ante todo hay que respetar las reglas de higiene del sueño y, si es necesario, recurrir a la ayuda exterior para aplicarlas y apoyar al sujeto en sus esfuerzos. Después, disponemos de métodos suaves como la relajación en todas sus formas y las diversas terapias que la utilizan (sofrología, yoga, etc.).

Si es necesario cambiar los hábitos y los principios erróneos que subyacen en ellos, luchar contra los miedos, las fobias y volver a aprender las buenas costumbres, las terapias comportamentales y cognitivas dan buenos resultados en un tiempo razonable. En países como Canadá, se privilegian con respecto al tratamiento medicamentoso. Actualmente, se están desarrolando en Francia.

Si bajo el insomnio subyacen problemas más profundos, puede pensarse en poner en marcha una ayuda psicológica, que va de la psicoterapia de apoyo a la psicoterapia analítica. Estas terapias sólo se inician si el sujeto lo desea y se siente capaz de entrar en el proceso; su duración es imprevisible.

Duración imprevisible no significa «ingresos de por vida» para el terapeuta.

Algunas personas siguen ciertas psicoterapias durante más de veinte años sin que nada cambie. Las sesiones son tranquilizadoras por su regularidad y la sensación de familiaridad que producen, pero aparte de esto se reducen a una charla agradable, que, por la fuerza de la costumbre, ¡produce un verdadero efecto de dependencia!

A uno de mis pacientes en esta situación, le gustaba acudir cada semana a contar los pequeños sucesos de su vida y escuchar el relato de los de su terapeuta; no se hacía ninguna ilusión sobre la naturaleza de estas entrevistas, pero se habría sentido huérfano ante la idea de abandonarlas.

¿QUÉ MEDIOS TERAPÉUTICOS EXISTEN CONTRA EL EXCESO DE SUEÑO?

También hay métodos eficaces para que los que duermen demasiado se mantengan despiertos. Una de dos, o bien la somnolencia y el exceso de sueño son secundarios a otro trastorno del sueño que habrá que tratar de forma prioritaria,[9] o bien son primitivos y pueden corregirse mediante estimulantes de la vigilancia. De entrada, se piensa en el café. La cafeína contenida en el café o el té es el estimulante natural más utilizado. Si se toleran bien estas bebidas y bastan cantidades razonables, pueden constituir una solución terapéutica. Pero si hay que tomar muchas tazas, aparecen los efectos secundarios: temblores, palpitaciones cardiacas, nerviosismo, etc., y se impone dejarlo. La cafeína se elimina con una rapidez variable según los individuos; en caso de eliminación lenta, puede impedir el sueño a partir de la toma del mediodía. Para las personas mayores, se preconiza una cantidad moderada de café por la mañana para que permanezcan activos y una breve siesta para

9. Falta de sueño, apnea del sueño, movimientos periódicos, dolores, molestias de origen cardiorrespiratorio, dificultades motrices, trastornos urinarios de origen prostático, depresión, toma de medicamentos o sustancias sedantes, etc. Enmascarar los trastornos de la vigilancia sin preocuparse por la causa sería dejar evolucionar el proceso causal.

descansar y tener de nuevo la mente clara hasta la hora de acostarse. Quizá salgan al mercado cafeínas de acción prolongada, de efecto menos brusco, para tomar en comprimidos y, desgraciadamente, no en sabrosas bebidas; están llenas de promesas.

Algunos hipersomnes sienten nostalgia de las anfetaminas, muy eficaces sobre la hipersomnia idiopática y la narcolepsia. Por desgracia, estas sustancias estimulantes han sido objeto de abusos peligrosos y sus efectos secundarios han conducido a su supresión en Francia. Sin embargo, existen procedimientos hospitalarios muy controlados que permiten proporcionarlas a los pacientes que no responden a ningún otro tratamiento. Esto forma parte del ámbito de los servicios especializados y sólo se practica de forma excepcional.

Actualmente, se dispone de dos moléculas que actúan de forma específica sobre la vigilancia; una de ellas es de prescripción corriente, no sólo en geriatría, según sus primeras indicaciones, sino también para todos; la otra se reserva para los trastornos graves y se prescribe con receta de medicamentos excepcionales.[10] Estos medicamentos han cambiado la vida de los narcolépticos y de los grandes hipersomnes. La forma de prescripción particular del modafinil se debe a que el producto fue utilizado inicialmente por los militares y sobre todo por los soldados franceses durante la primera guerra del Golfo, en 1991. Les permitía mantenerse despiertos durante una misión peligrosa, lo cual constituía una ventaja estratégica decisiva sobre los que no podían evitar dormir.

CUANDO LA RESPIRACIÓN SE ALTERA DURANTE EL SUEÑO

Para los numerosos pacientes que presentan trastornos respiratorios del sueño, pueden considerarse dos soluciones con objeto de asegurar el paso del aire por las vías respiratorias obstruidas: abrir paso eliminando o rechazando lo que molesta o aumentar la presión de entrada del sistema para forzar el obstáculo.

10. La primera es el adrafinil, la segunda el modafinil.

Los ronquidos simples, sin apnea ni fatiga al despertar, pero acompañados por una molestia social debido al ruido y presentes en una persona a la que le gustaría acabar las noches en buena compañía en lugar de hacer huir al otro, pueden tratarse, como primera intención, mediante una prótesis de avance mandibular, que se lleva por la noche. La prótesis se presenta como un dispositivo doble colocado entre los dientes de arriba, fijos, y los de abajo, móviles, que mantiene hacia delante. Sujeta la mandíbula y la lengua hacia delante, de manera que libera el espacio necesario. Si los ronquidos se deben a una constitución anatómica desfavorable que crea turbulencias, como un velo del paladar demasiado largo que se pone a vibrar al paso del aire, se puede proponer una intervención quirúrgica, dirigida a todas las estructuras molestas, las amígdalas, la úvula, el velo del paladar y sus pilares, la base de la lengua e incluso, en los casos extremos, el conjunto del bloque inferior del macizo facial, que se traslada hacia delante. Puede tratarse de una cirugía tradicional o, cada vez con mayor frecuencia, de métodos más modernos, menos dolorosos e igual de eficaces, mediante láser o hiperfrecuencias. En este campo, conviene valorar bien las indicaciones si se quieren asegurar unos buenos resultados. La prótesis es un medio reversible. La cirugía es definitiva; por lo tanto, es necesario ser doblemente exigente y selectivo con las indicaciones de esta última.

En las personas que padecen apneas del sueño en número suficiente para que existan consecuencias apreciables sobre la oxigenación de la sangre durante la noche o sobre el bienestar del día siguiente, el primer tratamiento propuesto es la CPAP.[11] Esta opción consiste en generar una sobrepresión a la entrada de las vías respiratorias, en otras palabras, aire comprimido, para vencer el obstáculo. Una sobrepresión de unos centímetros de agua con respecto a la presión atmosférica basta para acompañar el esfuerzo inspiratorio ligado a la contracción del diafragma. El aumento del gradiente de presión[12] entre el vacío torácico y el exterior facilita la

---

11. CPAP son las siglas del término inglés que significa «presión positiva continua».

12. En los pulmones, se produce una apetencia por el aire, ya que la contracción del diafragma hace descender el contenido del abdomen y crea un vacío in-

entrada del aire hacia los pulmones. Quien dice aire comprimido dice compresor, tubo y mascarilla estanca, es decir, ruido y molestias. Nadie tiene nada que decir al hecho de respirar el aire de una botella con una máscara cuando se practica submarinismo; pero respirar con una mascarilla situada al final de un tubo conectado a un compresor por la noche es una molestia que hay que aceptar teniendo en cuenta lo que está en juego. No obstante, cuando reaparece el bienestar después de unos días, cuando el apneico se vuelve a sentir él mismo con todo su rendimiento en lugar de caerse de sueño todo el día, se adopta rápidamente la CPAP.

Quise descubrir por mí misma las sensaciones que experimentan los pacientes y ver cómo se respira con una presión positiva, por eso probé una CPAP, a presión moderada. La primera sensación es desagradable al espirar, porque hay que sacar el aire contra resistencia. Normalmente, la espiración es pasiva, no requiere ningún esfuerzo; con la presión positiva, la inspiración funciona sola, pero eso no es todo, ¡también hay que poder espirar!

En realidad, los pacientes con CPAP adoptan un volumen torácico mayor y así aumentan la elasticidad de las paredes, un buen medio para no tener que hacer un esfuerzo espiratorio mientras llevan el aparato.

Sin embargo, no todo el mundo acepta fácilmente la CPAP; para un hombre joven que vive en pareja, es fácil comprender que no represente una perspectiva apasionante. En este caso, pueden probarse los tratamientos propuestos para los ronquidos, especialmente la prótesis de avance mandibular.

Atención: ¡lo que es bueno para los ronquidos no siempre lo es para las apneas! Sólo un equipo experimentado está habilitado para tomar las decisiones terapéuticas más adecuadas.

Si la causa de los ronquidos o las apneas es un aumento de peso, salta a la vista que es necesario perder peso; esto permite incluso prescindir de la CPAP por la noche, una vez perdidos los quilos de más. Para perder peso al mismo tiempo que se utiliza la CPAP por la noche, hay que realizar un esfuerzo importante; a veces, se

---

tratorácico; en la nariz, la sobrepresión impulsa el aire hacia los pulmones. La conjunción de ambos asegura la continuidad de la respiración durante el sueño.

aconseja un apoyo psicológico para superar este periodo difícil. ¡El colmo sería fabricarse un insomnio al intentar curarse las apneas!

Para los que roncan o sólo sufren apneas cuando están acostados boca arriba, existe un medio todavía más sencillo, de tipo postural: una pelota de tenis en una bolsa cosida en el centro de la espalda de la chaqueta del pijama impide que el durmiente se coloque boca arriba. Al principio, resulta incómodo, ¡pero es tan poco costoso como eficaz! Y no es una broma.

Si persiste una somnolencia residual, cuando las apneas están bien controladas con el tratamiento *ad hoc*, se aconseja recurrir a los estimulantes de la vigilancia, como en los demás pacientes hipersomnes; en estas condiciones, y solamente después de la regresión de las apneas, es lícito este tipo de tratamiento en los apneicos.

Estas herramientas terapéuticas producen sus molestias, pero también aportan beneficios: recuperar una vigilancia adecuada y una vida normal, estar protegido contra el riesgo de accidente vascular cerebral o infarto de miocardio relacionados con las apneas, poder tomar de nuevo el volante con total seguridad y recuperar la libertad y la autonomía que proporciona el coche, redescubrir el placer de la vida en todas sus formas, etc., todo esto bien vale un esfuerzo.

¿QUÉ HACER EN CASO DE TRABAJO POR TURNOS?

Para los que trabajan a horas atípicas, una buena iluminación en el lugar de trabajo atenúa el riesgo de accidente. Respetar los vacíos de vigilancia cronobiológica, entre las 2 y las 3 de la tarde y entre las 2 y las 4 de la madrugada, y por lo tanto disponer de un tiempo de descanso en estas franjas horarias de somnolencia máxima serían medidas muy recomendables para el bienestar del trabajador y por ello para la buena marcha de la empresa. Echar un sueñecito puede ser recuperador aunque sea breve; en el momento oportuno, permite al reloj interno mantener sus referencias.

La lista no es exhaustiva, pero basta para mostrar que el arsenal terapéutico es tan variado como los trastornos que se combaten.

Los medios que requieren la participación activa del sujeto a menudo son los más eficaces; para movilizar la energía necesaria, además es preciso que el paciente tome suficiente conciencia de lo que está en juego. Esto supone largas explicaciones por parte del médico, un seguimiento regular y, si es necesario, un apoyo psicológico. Sólo queda disponer de efectivos de médicos y laboratorios del sueño en número suficiente para evitar caer en la tentación, como en tiempos del mesmerismo, de acudir a medios falsos, con el riesgo añadido de dejarse desvalijar.

Capítulo 13

¡Mi arrebato de cólera!

¿«Delito de somnolencia»?

Al volante, ¿hay que arriesgar la propia vida y la de los demás?

La seguridad en carretera es uno de los temas de preocupación del gobierno y los ciudadanos. ¿A quién se acusa? Al alcohol, la droga y los medicamentos, las enfermedades cardiovasculares, la epilepsia y, más recientemente, al teléfono móvil. En suma, todo excepto una causa al menos tan importante como el alcohol: ¡la somnolencia excesiva y el adormecimiento al volante! Afortunadamente, un texto publicado en el *Journal Officiel* francés del 7 de mayo de 1997 tiene en cuenta, por primera vez, los trastornos del sueño y de la vigilancia en la obtención y renovación del permiso de conducir.

La causa n° 1 de la somnolencia no siempre debe buscarse en las enfermedades graves, en las que los afectados ya están sometidos a tratamiento y advertidos; reside generalmente en una banal falta de sueño. Banal quizá, pero que puede acarrear graves consecuencias si se niega o se pasa por alto. Uno de los primeros síntomas, en la carretera, es la incapacidad de mantener la línea recta de forma estable. Si hay que adelantar a un vehículo que tiene tendencia a zigzaguear y a invadir el carril contrario, es prudente tocar la bocina generosamente antes de colocarse a su izquierda, para despertar al conductor al menos durante el adelantamiento.

Algunos ejemplos para ilustrar esta «banalidad». El del conductor de un camión de gran tonelaje sometido a un ritmo infernal y que no se toma el tiempo para dormir lo suficiente, despreciando el disco de registro y las consignas de seguridad. Si se duerme conduciendo, las toneladas de mercancías que lleva se transforman rápidamente en peligrosos proyectiles. También tenemos el regreso de la cena, boda o discoteca a la hora de máxima somnolencia y bajo los efectos del alcohol, un regreso de alto riesgo. Y también el trayecto tranquilo del anciano que toma su coche para reunirse con sus compañeros después de comer, al que quizá su médico olvidó advertir sobre el riesgo de conducir cuando se toman muchos medicamentos, entre ellos somníferos.

¡No todos los peligros están en la carretera!

El peligro debido a los trastornos del sueño se sitúa a veces donde no se espera. En el cirujano que ha operado durante toda una noche de guardia y se enfrenta a una urgencia por la mañana. Si ningún colega se encuentra disponible (situación afortunadamente poco frecuente si se respetan los turnos de guardia), no tiene elección y debe regresar al quirófano sin pausa, ¡sólo con el café que le han preparado a toda prisa las enfermeras! En las azafatas de vuelos largos que están reventadas debido a la acumulación de las largas horas de trabajo, el *jet lag* y el empleo caótico del tiempo, o también en el panadero que debe elegir entre su vida de familia o su artesa, etc. Y en otras muchas situaciones igualmente difíciles de manejar.

En todos los casos, hay que intentar conseguir un tiempo de sueño suficiente durmiendo cuando es posible, aceptar las limitaciones impuestas por ciertas enfermedades o por la toma de medicamentos y no dudar en echar un sueñecito, si es necesario, antes de emprender una tarea que requiere reflejos, juicio y habilidad. Siempre es demasiado tarde para pensar en detenerse cuando se sienten los primeros signos de la somnolencia; ¡se trata de una cuestión de responsabilidad individual!

Es cierto que la distribución del trabajo de manera que respetara la fisiología tendría un coste, pero representaría probablemente una buena inversión a largo plazo. Aparentemente, no nos encontramos en el buen camino en este ámbito, a pesar de las 35 horas; el tiempo libre, en lugar de dar más flexibilidad a cada jornada, a menudo se reagrupa en días enteros de recuperación. El manejo del tiempo está, pues, lejos de ser óptimo con respecto a las exigencias de nuestro organismo, ya que el tiempo dedicado al ocio tiene preferencia ante la conservación del tiempo de sueño. ¡Es una cuestión de educación y, por lo tanto, de responsabilidad colectiva!

Quisimos manejar nuestro tiempo libre y nuestro ocio e incluso le dedicamos un Ministerio, no hace tanto tiempo. En la actualidad, más bien se necesitaría un Ministerio para organizar campañas de información sobre las realidades del sueño y la vigilancia, una educación de los adultos en las empresas que realizan trabajos con horarios rotatorios y, sobre todo, de los niños en la escuela.

LAS ESTAFAS, ¡SOLAMENTE SI USTED QUIERE!

Recibo una llamada de una paciente enloquecida que conozco bien.

Ha empezado a mejorar y ya es capaz de mirar atrás; se ha dado cuenta de que se ha dejado estafar 5.000 euros por un vidente deshonesto, que siempre veía sobre todo su propio interés y despreciaba el de ella, que no se enteraba de nada. Hasta entonces, no se había atrevido a decir que había apostado a la vez por la magia y por la medicina. Es cierto que, cuanto más ocultos son los procedimientos, más discreta es la actitud de los pacientes. ¿Cómo hablar de lo inconfesable? ¿Cómo superar la vergüenza y las vacilaciones creadas por la intimidación y el chantaje? ¿Qué recurso se tiene cuando de repente uno se da cuenta de que la caja está vacía, porque la Seguridad Social afortunadamente no reembolsa este tipo de «curas»?

Otro paciente se mostró muy descontento al oírme denunciar su credulidad respecto a un magnetizador. En efecto, yo había decidido jugar la carta de la franqueza. La falta de resultados sólo tardíamente consiguió abrirle los ojos; perder las ilusiones le resultaba todavía doloroso, a pesar de que, finalmente, decidió cambiar de enfoque. ¡Los honorarios del magnetizador eran tan grandes que requerían una confianza sin límites! Después de esto, le resultaba difícil confiar en una consulta hospitalaria que sólo le costaba un modesto porcentaje de sus gastos de Seguridad Social. ¡No impresiona demasiado un médico que trabaja por tan poco!

Por otra parte, el comercio de los «artilugios para dormir» parece floreciente; las tiendas se multiplican, tanto en las revistas llenas de publicidad, como en forma de teletienda o en Internet. Se encuentra de todo, a precios variables, artilugios en general sin riesgo, excepto el de la ilusión. ¿Qué no compraríamos con la esperanza de dormir? No podemos culpar a los comerciantes ingeniosos si encuentran compradores entre los insomnes con el agua al cuello. En la desesperación, lo irracional gana fácilmente puntos. Un ejemplo que encontré en un catálogo de venta por correspondencia: un cojín magnético, por supuesto probado en medio hospitalario… y por una treintena de euros (suma que mucha gente se puede permitir arriesgar), de duración ilimitada. ¡Me gustaría que me dijeran qué equipo hospitalario publicó los resultados de las pruebas y en qué revista! En otros lugares, se venden brazaletes magnéticos, colchones, almohadas anatómicas, esencias para vaporizar en el dormitorio y las cosas más sorprendentes, sutilmente presentadas. A menudo, sin gran eficacia.

En cualquier caso, el médico constata siempre la confianza ciega que se concede a estos procedimientos, una confianza de la que se siente el depositario más legítimo.

LAS TRAMPAS QUE UNO SE TIENDE

El vasito de alcohol o el porro a modo de somnífero son prácticas más extendidas de lo que se piensa; la relajación que producen facilita el sueño, pero, como muestra la situación al despertarse, no constituyen la panacea para el sueño propiamente dicho. Ronquidos, pesadillas y despertar nocturno son a menudo la clave, sin contar con la «resaca» de la mañana si se ha forzado la dosis. Alcohol por la noche y un medicamento contra la fatiga como paliativo

por la mañana constituyen un jueguecito que no puede durar
mucho tiempo. En cuanto a las drogas suaves, su empleo produce
un adormecimiento agradable, si creemos a los que las consumen,
pero mete los dedos en un engranaje peligroso.

Con los somníferos mal utilizados, la problemática es del mismo tipo. El efecto disminuye; ante el fracaso, se aumenta la dosis y
resulta cada vez más difícil ponerse en marcha por la mañana. Se
consume más café, que mantiene el insomnio y cierra el círculo.
Para los que consiguen anfetaminas, las cosas son peores que con
el café. Actualmente, se han retirado del mercado, ya que su consumo producía a veces grandes catástrofes.

El insomnio se acompaña en general de una sensación de cansancio, pretexto corriente para dejar de ir al trabajo. Sin embargo,
no trabajar significa aislamiento, inacción y desorganización del
ritmo de vida. Además, hay cansancios que no se eliminan sólo
con descanso. Las dificultades para recuperar el ritmo después de
la baja laboral y el estrés debido al descontento del «jefe» pueden
producir una recaída del insomnio. También pueden marcar la entrada en una espiral que conduce directamente a la pérdida del
empleo si no se tiene cuidado. El papel del médico del sueño es
ayudar al paciente a mantener la regularidad del ritmo y la continuidad de una función profesional estructuradora,[1] evitando sin
embargo la sobrecarga. Es necesario evitar a toda costa la desinserción social y el paro, una de las principales causas de insomnio, al
lado del divorcio y la precariedad.

¡UNA MEDICINA QUE NO ACUDE A LA CITA!

El sueño es una cuestión de salud, de seguridad y de calidad de
vida; es un asunto demasiado serio para poner en manos dudosas.
El testimonio de éxitos fortuitos de las técnicas marginales constituye, pues, una trampa. Más bien habría que poner por delante el

---

1. Un trabajo elegido por gusto y efectuado con interés es más estructurador
que una tarea impuesta y repetitiva; pero no hay trabajos inútiles y cualquier trabajo es mejor que la inacción y la desinserción social.

testimonio de los que han padecido los fracasos, pero desgraciadamente no se vanaglorian de ello.

Me gustaría decir algo a todos los que tienen un problema de sueño, a riesgo de crearme enemigos: no haga cualquier cosa, telefonee a un centro del sueño. Aunque hete aquí que, si lo intenta, puede encontrarse con una respuesta amable de este tipo:

«Sí, señora, sí, señor, ¡dentro de seis meses!». (Eso cuando no es un año o peor, según el lugar.)

O también: «Escriba y rellene el cuestionario adjunto, ¡ya le llamaremos!». (Algunos servicios piden incluso una auténtica carta de motivación.)

Podría ser un diálogo de teatro ligero, pero no, ¡es la realidad de nuestro sistema de salud! Una realidad que siembra el desconcierto entre las personas con trastornos del sueño y abre la puerta al «cualquier cosa». En materia de medicina del sueño, sólo estamos al principio; hay que esperar un desarrollo rápido, de lo contrario ¡los estafadores harán su agosto! ¿Cuándo terminará el tiempo de la cólera?

Conclusión

Si hubiera que recordar una sola cosa, ésta sería el papel revelador del sueño, revelador de una manera de ser y de una manera de vivir. El sueño es un ámbito privado que no se expone, que protegemos protegiéndonos a nosotros mismos, poniéndonos a resguardo, lejos de las miradas ajenas, en suma, escondiéndonos.

¿De quién y de qué sentimos necesidad de protegernos y de escondernos?

- De la agresión del frío, la lluvia y los depredadores, pues hay que asegurar la supervivencia inmediata y proteger la continuidad del sueño, también necesario para la vida. Al hacerlo, actuamos como la mayoría de los animales, que se protegen y protegen su sueño por las mismas razones.
- De la mirada de los demás, que no deben sorprendernos durante este tiempo de abandono y de intimidad en que el cuerpo adopta una dejadez que las conveniencias sociales no permiten y en que podemos pronunciar palabras sin querer. Sólo la persona con la que se ha elegido compartirlo todo tiene derecho a ver, oír, etc., lo que el durmiente hace o dice mientras duerme.
- De uno mismo, poniendo en marcha un proceso que mantiene cuidadosamente a distancia los recuerdos de pensamientos y sueños que ocupan la mente a lo largo de la noche; el efecto, lo esencial de esta actividad mental, no lo recordamos al des-

pertar, es la parte oculta, que puede compararse a la zona sumergida del iceberg.

La parte emergida está formada por los recuerdos de sueños, de comportamientos observables y, sobre todo, de lo que el sujeto puede decir de su sueño, de la forma en que lo vive subjetivamente y del lugar que le atribuye en su bienestar o en sus dificultades existenciales.

El sueño se muestra como el revelador de un estilo de vida. Dime cómo duermes y te diré cómo vives.

En general, una vida equilibrada en la que ocurren suficientes cosas buenas va acorde con un sueño tranquilo, reparador, que por lo tanto se hace olvidar. No hemos hablado mucho en este libro de las personas que duermen bien, que encuentran placer en dormirse porque saben que pueden contar con el sueño cuando llega el momento. También saben confiar en el sueño para que elimine la fatiga y les devuelva el bienestar al día siguiente. Es cierto que estas personas no tienen ninguna razón para desahogarse sobre el tema. Dado que hablan del sueño tanto como lo recuerdan, no comparten con los demás su experiencia positiva y su satisfacción. Por otra parte, tienen razón en ser discretos sobre el tema, porque nada molesta más al que duerme mal que escuchar a otro que le habla de lo bien que duerme. Además, el ejemplo no es fácil de seguir cuando no se dispone de las instrucciones de uso ni de los ingredientes adecuados.

La alquimia del buen sueño es sutil y supone una dosis suficiente de confianza en uno mismo, una vida relativamente satisfactoria, ocupaciones que valoricen pero no invadan, una buena salud, un poco de deporte, un poco de sol, un poco de ocio, etc., muchas cosas que parecen inaccesibles a los que no las tienen. Para los que las tienen, el buen sueño es un factor de estabilidad que perpetúa el equilibrio existente; en cambio, la degradación del sueño no hace más que empeorar las dificultades, incluso las mismas que han contribuido a degradarlo, lo que los insomnes viven como una doble injusticia. El contraste entre buenos y malos durmientes desconcierta a estos últimos.

Una vida demasiado llena de agresiones, reveses, fracasos e insatisfacciones puede, efectivamente, generar un sueño alterado, a su vez fuente suplementaria de preocupaciones. Se entra entonces de lleno en el *primer círculo vicioso*: un sueño en el que se piensa es un sueño que ya está en peligro. En estas condiciones, todo resulta más difícil, y se duerme cada vez peor. Aquí pueden ocurrir dos cosas: o bien el sueño se restablece por sí mismo como consecuencia de la falta de sueño, o bien los trastornos del sueño persisten y empeoran. En este caso, es recomendable buscar ayuda exterior antes de llegar al límite y «estallar».

La consulta de los trastornos del sueño es un lugar donde se relatan experiencias de vida a veces difíciles, tan duras que el médico no puede dejar de admirarse ante los pacientes que han sabido salvaguardar lo esencial, dejando el sueño aparte, y hacer frente a los acontecimientos con un valor que induce al respeto. El médico sabe también que causas menos heroicas pueden tener consecuencias igual de devastadoras, que no hay razones grandes o pequeñas para dormir mal y que todas las personas con trastornos del sueño que piden ayuda merecen su atención. El médico está ahí para ayudar al paciente a ver claro, para apoyarlo y confortarlo, evitando así que ceda ante el pánico o caiga en la «depresión», y finalmente para intentar dar un sentido al síntoma-sueño, que, una vez conocido y desdramatizado, desaparecerá por sí solo. Está ahí para ayudar al paciente a recuperar sus referencias y reconstruir los comportamientos adecuados, basados en principios que respeten la fisiología. Está ahí también para recordarle las reglas de seguridad y responsabilizarlo. En el camino, puede verse inducido a recetar medicamentos, sobre todo en la fase aguda, cuando el paciente todavía no es capaz de una participación personal activa en el tratamiento. Como en toda «reeducación», la fase activa es la más eficaz y la que produce los efectos más duraderos. Hacerse cargo de uno mismo es más juicioso que ponerse ciegamente en manos de los medicamentos o de muletas poco fiables, que nos dejarán caer en el peor momento. Hemos visto las consecuencias nefastas de los principios erróneos. Podríamos comparar su aplicación al trabajo del jardinero que cultivara de forma absurda las malas hierbas en su jardín y se disgustara al ver que sus esfuerzos no dan buenos resultados. Se podría vender a este jardinero cualquier cosa a cualquier precio si se le hiciera soñar con un jardín florido. ¡Con los malos durmientes desamparados, se puede hacer lo mismo si se les promete un buen sueño!

El sueño puede ser también el revelador de un estado de salud. Dime cómo duermes y te diré cómo te encuentras.

El cuerpo puede ser un lugar de placer; también puede ser un lugar de dolores, trastornos motores, movimientos involuntarios que impiden el sueño y, a veces, asiento de enfermedades más insidiosas. De ahí la importancia de un estudio de los trastornos del sueño en el marco de un examen médico global y sistemático. Esto supone tener en cuenta la señal de alarma que constituye un sueño no reparador y consultar.

Intentar hacer más profundo el sueño con la esperanza de que sea más recuperador no hará más que ocultar el trastorno subyacente o incluso, empeorarlo, conduciendo al paciente a un segundo círculo vicioso. El mejor ejemplo podría ser el de las apneas del sueño en un cardiaco que quisiera seguir tratando su sueño a base de tranquilizantes o somníferos, cuando lo único que hay que hacer es tratarle las apneas y el corazón.

No hacer nada o perder el tiempo aplicando remedios inadecuados sería como dejar que se estableciera una intrincación de causas y consecuencias difícil de desenredar y de sombrío pronóstico. Afortunadamente, cuando el cuerpo está en juego, es más raro que se recurra a «trucos» o a los curanderos que en caso de dificultades de tipo psicológico.

En cuanto a las ideas más irracionales que continúan propagándose, habrá que barrerlas de las mentes jóvenes mediante una educación precoz, si es necesario en la escuela.

Los comportamientos inadecuados esconden siempre un desconocimiento de la fisiología del sueño y razonamientos erróneos que eternizan el malestar y empeoran el riesgo. Una buena razón para haber expuesto aquí algunos conceptos básicos.

Finalmente, el sueño pone de manifiesto unas migajas de nuestra vida interior a través de los sueños, si se recuerdan al despertar.

Bajo la aparente ligereza del contenido manifiesto de los sueños y protegidos de cualquier actividad visible que pueda traicionarnos, todo es posible, incluso los argumentos más sorprendentes. Si el contenido manifiesto del sueño nos sorprende, todavía nos resultará más difícil reconocernos como autores de su contenido latente. En efecto, la libertad, que en este grado sólo es posible en los sueños, en los que no invade la libertad de los demás, nos permite «ajustar cuentas» con todos los medios que el fin justifica, y de maneras que no nos resultarían posibles en la realidad; al hacerlo, al mismo tiempo que seguimos protegidos y protegiendo nuestro sueño, nos construimos y nos armamos para «encajar mejor los golpes» que nos reserva la vida. Preservar este espacio de libertad procurando que el sueño no se degrade es, pues, fortalecer la integridad de nuestra personalidad y asegurar nuestro equilibrio de vida personal.

Hay que saber considerar el sueño como un componente de nuestra vida y respetar su duración, sus horarios y su entorno; hay que saber escuchar las señales que el organismo nos envía cuando la necesidad de sueño se deja sentir y ser lo suficientemente listos para tenerlas en cuenta. Las razones exteriores susceptibles de desorganizarlo son numerosas; es inútil añadir otras por cuenta propia, por negligencia o por bravuconería. Creerse más fuerte que los demás y considerarse un héroe por no «perder» el tiempo durmiendo, etc., son extravagancias que después se pagan caras. El coste de dormir mal, tanto para los afectados como para la sociedad, es tan elevado que al final se hace necesario adoptar una actitud responsable frente a uno mismo y frente a los demás en este ámbito; ¡hay que saber decir basta a los estragos en la salud y a los accidentes que podrían evitarse!

Para concluir a la manera del doctor Knock, y conociendo la fragilidad del sueño, podríamos decir, apenas exagerando un poco, que «todo buen durmiente es un insomne que se ignora» o, al menos, un insomne en potencia. Porque si bien «saber dormir» es un hecho natural bastante equitativamente distribuido al inicio, saber mantener un buen sueño está lejos de ser una evidencia para todos. Es un saber que se merece siempre y cuando la «vigilancia» sea constante y se tenga un poco de sentido común. Espero que los datos básicos expuestos en este libro le guíen en su búsqueda del compromiso más razonable entre sus gustos personales, los problemas de la vida y las exigencias de su organismo.

La escala de vigilancia de Epworth

INSTRUCCIONES

En las siguientes circunstancias, ¿se siente somnoliento o se duerme en lugar de sentirse sólo cansado?

0 = nunca
1 = posibilidad baja de dormirse
2 = posibilidad moderada de dormirse
4 = posibilidad alta de dormirse

SITUACIONES

- Leer sentado.
- Mirar la televisión.
- Estar sentado, inactivo en un lugar público (teatro, reunión).
- Ir como pasajero en un coche que circula sin parar durante una hora.
- Tenderse por la tarde para descansar cuando las circunstancias lo permiten.
- Estar sentado hablando con alguien.
- Estar tranquilamente sentado después de una comida sin alcohol.
- Estar en un vehículo inmovilizado unos minutos en un atasco.

Una puntuación superior a 10 en el total acumulado de las respuestas indica una somnolencia excesiva. Las respuestas suponen, por parte del paciente, una percepción subjetiva correcta del trastorno y una sinceridad no alterada por ningún motivo personal.

Anexo 2

Sueño, vigilancia y permiso de conducir (decreto del 7 de mayo de 1997)

Extracto del *Journal officiel* del 7 de mayo de 1997, que fija las limitaciones de las incapacidades físicas incompatibles con la obtención o el mantenimiento del permiso de conducir, así como las afecciones susceptibles de dar lugar a la entrega del permiso de conducir con una validez limitada:

Como regla general, tanto para el grupo 1 como para el grupo 2, no debe concederse ni renovarse el permiso de conducir a todos los candidatos o conductores que presenten una afección mencionada en la presente lista, susceptible de constituir o dar lugar a una incapacidad funcional capaz de comprometer la seguridad en la carretera durante la conducción de un vehículo a motor. La decisión se deja a la apreciación de la comisión médica después de consultar a un especialista si es necesario.

[...] Enfermedades del sueño y trastornos de la vigilancia (apnea del sueño, narcolepsia, hipersomnia idiopática, etc.); en principio, constituyen una contraindicación para la conducción de cualquier vehículo.

Compatibilidad temporal eventual: el estado de vigilancia, el seguimiento médico y los resultados terapéuticos serán valorados por la comisión médica.

Incompatibilidad, excepto en casos muy especiales, en que el seguimiento médico y el estudio médico de control confirmen una mejoría segura: compatibilidad temporal.

Se tienen en cuenta con una precaución extrema los riesgos adicionales referentes a los vehículos del grupo pesado, en particular si son conducidos por profesionales.

Este texto es el primero que integra los trastornos del sueño y de la vigilancia en las medidas de precaución referentes a la seguridad en carretera.

Informaciones complementarias a propósito de este decreto:

Código de los seguros: las aseguradoras no aplicarán primas adicionales en caso de incapacidad física si el conductor es titular legal del permiso de conducir correspondiente a la categoría del vehículo asegurado. No pueden solicitar ni certificado, ni visita médica.

En cambio, en caso de accidente y de falsa declaración o de omisión en el formulario obligatorio del permiso de conducir (y/o de comparecencia ante la comisión del permiso de conducir si ya se disponía del permiso), las aseguradoras podrán actuar contra el asegurado y negarse a pagar los daños.

La confidencialidad: los médicos de familia deben respetar la más estricta confidencialidad, en aplicación de las reglas del secreto médico.

Bibliografía

Libros escritos por médicos, pero que no están prohibidos a los valientes que deseen adquirir conocimientos científicos básicos sobre el sueño:

Benoit, O. y J. Foret, *Le Sommeil humain, bases expérimentales physiologiques et physiopathologiques*, Masson, 1995.
Benoit, O. y F. Goldenberg, *Explorations du sommeil et de la vigilance chez l'adulte*, EM Inter, 1997.
Billiard, M., *Le Sommeil normal et pathologique*, Masson, 1998.

Para los padres preocupados por el sueño de sus hijos:

De Leersnyder, H., *L'Enfant et son sommeil, Comment assurer à votre enfant des nuits sans troubles et sans peurs*, Réponses Robert Laffont, 1998.
Thirion, M. y M.-J. Challamel, *Le Sommeil, le rêve et l'enfant, De la naissance à l'adolescence*, Bibliothèque de la famille, Albin Michel, 1999.

Para los demás, según les gusten los libros extensos o los breves, los que hay que estudiar seriamente o los que pueden emplearse como libro de cabecera. Algunos de los mejores publicados durante los últimos años:

Blaquières, M.-G., *Le Sommeil en question*, Ellipses, col. Vivre et Comprendre, 1999.
Borrel, M., *Sommeil de rêve, 60 conseils adaptés - Des réponses sur mesure*, Hachette, col. Santé-Vie, 2001.
Dement, W. C. y C. Vaughan, *Avoir un bon sommeil*, Odile Jacob, 2000.
Fleury, M., *Le Sommeil réparé*, Demos, 2002.
Gentils, R., *Les Troubles du sommeil*, Mango Pratique, 2002.
Lecendreux, M., *Le Sommeil, Traiter les troubles du sommeil à chaque âge de la vie... Apprendre à mieux dormir*, Solar, 2002.

Léger, D., *Le Sommeil roi, Faire face aux dangers méconnus de la somnolence excessive*, First, 1998.

—, *Les Troubles du sommeil*, Doin, col. Conduites, 2001.

Léger, D. y C. Guilleminault, *Sommeil, vigilance et travail*, Masson, 1997.

Morin, C. M., *Vaincre les ennemis du sommeil, Inquiétudes. Maladies. Mauvais lit. Décalage horaire...*, Éditions de l'Homme, 1997.

Mullens. E., *Apprendre à dormir, Leçons de sommeil, Les 500 conseils du somnologue*, Josette Lyon, 2002.

Ohayon, M., *Dis-moi comment tu dors, 12 000 personnes témoignent de leurs habitudes de sommeil...*, Empêcheurs de tourner en rond, 1997.

Royant-Parola, S., *Comment retrouver le sommeil par soi-même*, Odile Jacob, 2002.

Valatx, J.-L., *Peut-on prévenir les troubles du sommeil*, Arnaud Franel, 2001.

Sobre los sueños:

Freud, S., *L'Interprétation des rêves*, PUF, 1971 (primera edición alemana, 1900) (trad. cast.: *Interpretación de los sueños*, Madrid, Alianza, 2004).

Jouvet, M., *Le Château des songes*, Le Livre de Poche (trad. cast.: *El caballero de los sueños*, Madrid, Anaya/Mario Muchnik, 1993).

—, *Le Sommeil et le rêve*, Odile Jacob, 1992.

Y todos los demás títulos publicados y por publicar.